Dieter | Susan Sontag. 100 Seiten

* Reclam 100 Seiten *

ANNA-LISA DIETER ist Literaturwissenschaftlerin und Kuratorin am Naturkundemuseum BIOTOPIA in München. Sie schreibt als freie Autorin für das Feuilleton verschiedener Zeitungen und konzipiert und moderiert Gesprächsreihen am Deutschen Hygiene-Museum in Dresden.

Anna-Lisa Dieter

Susan Sontag. 100 Seiten

Reclam

Für Barbara Dieter

Die Autorin dankt Paul-Philipp Hanske und Thomas Meinecke.

2., durchgesehene Auflage

2022, 2023 Philipp Reclam jun. Verlag GmbH,
Siemensstraße 32, 71254 Ditzingen
info@reclam.de
Umschlaggestaltung: Philipp Reclam jun. Verlag GmbH
nach einem Konzept von zero-media.net
Infografiken (S. 10 f.): annodare GmbH, Agentur für Marketing
Bildnachweis: S. 14: Courtesy of Kevin Killian; S. 17: Ullstein Bild; S. 20: Wikimedia Commons / Aiko; S. 27: courtesy of Spuyten Duyvil Publishing; S. 33: courtesy of Robert Steed; S. 39: Harry Hess; S. 47: Life Magazine; S. 73: Rose Hartman / Zuma Press / Forum; S. 95: Paul Lowe / Panos Pictures. Autorinnenfoto: © privat
Umschlagmaterial: Creative Print, Schabert
Druck und Bindung: Esser printSolutions GmbH,
Untere Sonnenstraße 5, 84030 Ergolding
Printed in Germany 2025
RECLAM ist eine eingetragene Marke
der Philipp Reclam jun. GmbH & Co. KG, Stuttgart
ISBN 978-3-15-020675-1
reclam.de

Für mehr Informationen zur 100-Seiten-Reihe:
reclam.de/100Seiten

Inhalt

WAS FASZINIERT AN SUSAN SONTAG?

- die ungewöhnliche Schönheit
- die Verbindung von Glamour und Intellekt
- die Coolness
- die Geschwindigkeit ihres Denkens
- »Wir müssen lernen, mehr zu sehen, mehr zu hören und mehr zu fühlen.«
- der aphoristische Stil: ein Satz ein Gedanke
- die Neugier, das Interesse an *allem*
- die Intensität (wie viel passt in einen Tag?)
- die Fähigkeit, sich von Bewunderung antreiben zu lassen
- die Begeisterung und Leidenschaft für Kunst und Politik
- das Gespür für Zeitgeist (in den 60er Jahren)
- die Lust an der Provokation
- die Lebendigkeit: Bis zuletzt schien sie zu vital, um sterben zu können
- der Ernst
- die prophetischen Qualitäten, Stellenwert der Fotografie
- die Listen

Ich, etc.: Sich selbst erfinden

Susan Sontag verzichtete beim Schreiben ihrer bekanntesten Texte aufs Ich-Sagen. Ihre berühmten Essays kommen fast ausnahmslos ohne erste Person Singular aus. Kein Ich, das das Geschriebene beglaubigen und an die eigene Erfahrung anbinden würde. Unpersönlich schreibt Sontag auch über Themen, die sie selbst betreffen. Sie widmete sich Phänomenen der queeren Kultur, ohne ihre lesbische Sexualität zu thematisieren. Als sie an Krebs erkrankt, schreibt sie einen Essay über die Krankheit, ohne auch nur einmal sich selbst zu erwähnen. Sie verarbeitet ihre Erkrankung, indem sie den Krebs mit einer Theorie und Kulturgeschichte ausstattet, ihre eigene Geschichte erzählt sie nicht. Auch die autobiographische Schicht ihrer fiktionalen Texte ist dünn. Drei von ihren vier Romanen behandeln historische Stoffe. Sontag selbst hat sich einmal als »anti-autobiographische« Autorin bezeichnet, die nie direkt aus persönlicher Erfahrung schreibe.

Damit einher geht die Weigerung, sich identitätspolitisch zu positionieren. Sontag war Jüdin, wollte aber nicht als jüdische Schriftstellerin wahrgenommen werden. Sie war Feministin, ohne sich zum Feminismus zu bekennen oder sich als feministische Autorin zu verstehen. Sie war bisexuell, aber nichts lag ihr ferner, als aus ihrer sexuellen Orientierung ihr Selbstverständnis als Schreibende abzuleiten. Vielmehr verstand sich Sontag als Ausnahmeerscheinung, dem enthoben, was heute Identitätspolitik genannt wird. Die autoritäre Stimme, mit der sie in ihren Essays spricht, hat sich von der eigenen Erfahrung, auch der identitätsbezogenen, emanzipiert. Die Oberfläche ihrer Prosa ist kühl und in sich geschlossen, die Sprecherin bleibt bewusst unnahbar.

Mit dieser Haltung nimmt Sontag die größtmögliche Distanz zu unserer Gegenwart ein: Heute regiert das Ich. In der Literatur hat es der Gattung der Autofiktion, in der vorgeblich die eigene Geschichte erzählt wird, zum Erfolg verholfen. Der Essay zeichnet sich gegenwärtig dadurch aus, dass nach Belieben »Ich« gesagt werden darf – oder sogar muss. Essayistisches Schreiben beruht heute auf einem Ich, das seine intimen, oftmals leidvollen Erfahrungen offen bekennt. »Wer spricht? Und von welchem Kummer?« ist zu einer Frage der Gegenwart geworden, die eine möglichst genaue identitätspolitische Antwort verlangt. Die sozialen Medien haben einen regelrechten Bekenntniswahn ausgelöst und das Bekenntnis zum Sprechakt gemacht, der den öffentlichen Diskurs prägt. Von all dem könnte Sontag nicht weiter entfernt sein.

Und dennoch: So diskret ihr Umgang mit der persönlichen Erfahrung in den meisten ihrer zu Lebzeiten veröffentlichten Texte war, so sehr sie ihre Privatsphäre auch geschützt hat, es sind ihre posthum veröffentlichten Tagebücher, mit denen Sontag nach ihrem Tod zu neuem Ruhm kommt. Die Tagebücher geben intime Einblicke und erzählen davon, wie Susan Sontag sich selbst erfand. Wieviel Arbeit sie in dieses Projekt, vielleicht ihr eigentliches Lebensprojekt, gesteckt hat.

Ihr erstes Tagebuch, das sie ab ihrem 14. Lebensjahr führt,

ist auch der Versuch, ihre unglückliche Kindheit zu überschreiben. *Wiedergeboren* lautet der Titel, den Sontags Sohn David Rieff, der Herausgeber ihrer Tagebücher, dem ersten Band gegeben hat, der ihre Tagebücher aus den Jahren 1947 bis 1963 versammelt. Der Titel stammt von einer Notiz, die Sontag in die Innenseite eines ihrer Hefte aus dem Jahr 1949 geschrieben hat: »In der Zeit, die in diesem Notizbuch wiedergegeben wird, werde ich wiedergeboren.«

Was genau hat es mit diesem Ich, das wiedergeboren wird, auf sich? Sontags erster Auftritt im Tagebuch ist der eines intellektuellen Wunderkinds. Als 14-Jährige formuliert sie ihr persönliches Glaubensbekenntnis.

Ich glaube:

(a) Dass es keinen persönlichen Gott und kein Leben nach dem Tod gibt
(b) Dass es im Leben nichts Erstrebenswerteres gibt als die Freiheit, sich selbst treu zu sein, d. h. Ehrlichkeit
(c) Dass Menschen sich allein durch ihre Intelligenz unterscheiden
(d) Dass eine Handlung nur danach beurteilt werden sollte, ob sie die betreffende Person letztlich glücklich oder unglücklich macht
(e) Dass es falsch ist, einem Menschen das Leben vorzuenthalten

[*Die Einträge f und g fehlen.*]

(h) Des Weiteren glaube ich, dass der ideale Staat (über »g« hinaus) ein starker zentralistischer Staat wäre, d. h. staatliche Kontrolle über Versorgungsbetriebe, Banken, Minen + öffentliche Verkehrsmittel sowie Subventionierung der Künste, ein ausreichender Mindestlohn, Unterstützung von Behinderten und Alt[en]. Staatliche Gesundheitsfürsorge für schwangere Frauen, ohne dass etwa nach ehelichen + unehelichen Kindern unterschieden wird.

Es ist kein Zufall, dass Sontag die Form der Liste wählt, um ihr Tagebuch zu eröffnen und ihren inneren Kompass freizulegen. Ihre Tagebücher enthalten zahllose Listen, Listen der Bücher, die sie kaufen und lesen will, der Filme, die sie gesehen hat, Listen von Wörtern, mit denen sie ihren Wortschatz erweitert, Listen der Komponisten und Werke, die sie begeistern. Das gesamte Bildungsprogramm, das sich Sontag auferlegt hat, steckt in diesen Listen. Darin hält sie fest, was sie interessiert, begeistert, verzückt, wen sie bewundert und verehrt, aber auch, was sie von sich verlangt und an sich verbessern möchte. Listen schreibend und sie abarbeitend erschafft sie sich selbst. Die Liste ist das Fundament ihrer Selbsterfindung (und daher auch ein Gestaltungsprinzip dieses Buches).

In kurzen Einträgen notiert Sontag, wie ihr die gelesenen Bücher gefallen haben. Als 16-Jährige schreibt sie: »Habe heute *Demian* abgeschlossen und bin alles in allem sehr enttäuscht. Es ist nicht der romantische Ton, der mich stört (*Werther* zum Beispiel hat mir gut gefallen), es sind Hesses (ich kann es nicht anders ausdrücken) kindliche Vorstellungen …« Susan Sontag war zu cool für eine Hermann-Hesse-Phase.

Der Entwurf der Person, die sie sein will, umfasst alle Sphären des Geistes. Jede Form von Unwissenheit soll überwunden werden, dazu dienen auch Vorsätze wie: »Es ist besser, die Namen von Blumen zu wissen, als mädchenhaft zu gestehen, dass ich mich in der Natur nicht auskenne.« Die Erschaffung des Selbst schließt aber auch das ganz Basale mit ein, den Umgang mit dem eigenen Körper. Manche Listen formulieren Re-

Bücher, die sich Sontag zur mehrfachen Lektüre verordnet (1948–1979)

- Thomas Mann: *Der Zauberberg*
- André Gide: *Die Tagebücher*
- *– Der Immoralist*
- Johann Wolfgang von Goethe: *Faust*
- Dante: *Die Göttliche Komödie*
- Lukrez: *Über die Natur der Dinge*
- Henry James: *Das Raubtier im Dschungel*
- *– Die goldene Schale*
- James Joyce: *Ein Porträt des Künstlers als junger Mann*
- Thomas Mann: *Doktor Faustus*
- Aldous Huxley: *Schöne neue Welt*
- Franz Kafka: *Das Schloss*
- Gertrude Stein: *Melanctha*
- Leo Tolstoi: *Anna Karenina*
- Joseph Conrad: *Mit den Augen des Westens*
- Walter Benjamins Essays
- Hermann Broch: *Der Tod des Vergil*

geln und Pflichten wie weniger zu essen, gründlicher zu kauen, an der Haltung ihrer Schultern zu arbeiten, weniger zu lächeln, tiefer zu atmen, sich weniger oft ins Gesicht zu fassen. Und wiederholt ermahnt sie sich, auch noch als Erwachsene, öfter zu baden: »Jeden Tag baden und alle zehn Tage die Haare waschen.« Anders als ihr Geist macht ihr der Körper Probleme. Körperliche Hygiene fällt ihr schwer, und noch als fast dreißigjährige Frau versucht sie zu verstehen, warum das so ist: »Reinlichkeit – das Problem hängt mit der Sexualität zusammen. Nach einem Bad fühle ich mich ›bereit zum Liebesakt‹, aber es findet keiner statt; deshalb bade ich ungern.« Unmittelbar einleuchtend.

Der Sex ist neben dem Projekt der Selbstoptimierung das zweite große Thema der Tagebücher. Schon in der Jugend steht für Sontag fest: »Ich will mit vielen Leuten schlafen. Ich gedenke nicht, mich von meinem Verstand dominieren zu lassen. Ich werde überall Vergnügen erwarten und es auch finden, denn es *ist* überall!«

Schreiben und Sex sind Quellen der Intensität, die für Sontag eng miteinander verbunden sind. Mit 26 schreibt sie: »Der Orgasmus erzeugt Konzentration. Es gelüstet mich zu schreiben. Zum Orgasmus kommen zu können bedeutet nicht die Erlösung meines Ichs, sondern vielmehr dessen Geburt. Ich kann erst schreiben, wenn ich mein Ich gefunden habe.« Sontag setzt die intellektuelle der sexuellen Ekstase gleich, als zwei Facetten ihrer Lebendigkeit.

Ihre Tagebücher sezieren ihre Lust, ihre Erregung, ihre Einsamkeit. Die Erotik bringt größtes Glück, oft aber auch größtes Unglück. In ihren romantischen Beziehungen, vor allem denen zu Frauen, plagen Sontag Selbstzweifel. Sie wird sich oft als diejenige beschreiben, die mehr liebt, als sie geliebt wird.

***

Die Tagebücher dokumentieren, wie akribisch Sontag über sich nachgedacht, ja wie sie sich selbst erdacht hat, ein Prozess, der zwischen Ehrgeiz und Leiden changiert. Woher kam dieses Wunderkind, das hochbegabte Mädchen, das im Tagebuch seine Selbstzeugung vorführt? Welche Herkunft wollte sie ausradieren? Die wenigen autobiographischen Erzählungen, die

Sontag verfasst hat, die zahlreichen Interviews, in denen sie sich zu ihrer Vita geäußert hat, die vielen Texte, die über ihr Leben und Werk geschrieben wurden, vor allem Daniel Schreibers Biographie *Susan Sontag. Geist und Glamour*, sind Quellen, die Antworten auf diese Fragen geben können.

»Ich hatte eine völlig wurzellose Kindheit«, hat Sontag in dem berühmten Interview gesagt, das sie der Zeitschrift *Rolling Stone* gab. Sie lebte als Kind an zahlreichen Orten, die sie wie die Wüstenstadt Tucson nicht wieder aufsuchte, nachdem sie von dort weggezogen war: »Ich will nicht zu meinen Ursprüngen zurückkehren. Ich denke, meine Ursprünge sind nur ein Ausgangspunkt. Nach meinem Empfinden bin ich einen weiten Weg gegangen. Und es ist gerade die Entfernung, die mich von diesem Ausgangspunkt trennt, auf die ich stolz bin.« Undenkbar, dass Sontag den Stoff ihres späteren Werks ihrer Herkunft aus der Provinz und den Erfahrungen entnommen hätte, die sie als »Exotin der Familie« an unterschiedlichen Orten im Osten und Westen der USA gemacht hat. Ihr Selbstverständnis als Schriftstellerin hat keine geographischen Wurzeln, vielmehr verwurzelt sie sich durch ihre Bildung selbst: als Kosmopolitin, deren Lebensmittelpunkt New York sein wird und für die der europäische Kanon eine fundamentale Rolle spielt.

Geboren wurde Susan Sontag als Susan Lee Rosenblatt am 16. Januar 1933 in New York. Ihre frühe Kindheit war geprägt durch die Abwesenheit ihrer Eltern, Jack und Mildred Rosenblatt, und durch ein Land in der Ferne: China. Ihrem Vater gehörte ein Pelzhandelsunternehmen im chinesischen Tianjin, die *Kung Chen Fur Corporation*, mit der er in jungen Jahren schnell zu Wohlstand kam. Die Mutter half in der Familienfirma mit. Auf den wenigen Bildern, die erhalten sind, sehen

Sontags Eltern attraktiv, ja glamourös aus, ein junges aufstrebendes jüdisch-amerikanisches Ehepaar in der Britischen Kolonie. Sontag wuchs wie ihre jüngere Schwester Judith bei Verwandten und ihrer Kinderfrau Rosie auf (die später auch auf Sontags Sohn aufpassen sollte).

In »Projekt einer Reise nach China«, einer ihrer autobiographischen Erzählungen, erinnert sich Sontag an ihre kindliche Faszination für das Land der Eltern, von dem sie ausgeschlossen war. »Was machten sie eigentlich alle in China, damals?« Fernweh nach den Eltern in China war vermutlich eines der ersten Gefühle, die Sontag empfand. In dem Haus, das ihre Eltern auf Long Island, der New Yorker Halbinsel, kauften und in dem Sontag lebte, bis sie sechs Jahre alt war, war China im Alltagsdekor präsent, in den Gegenständen, die die Eltern von dort mitgebracht hatten, Nippes aus Elfenbein und Rosenquarz und Schriftrollen aus Reispapier. Zum fünften Geburtstag bekam Sontag ein Armband aus grüner Jade, »jedes winzige Ende in Gold gefasst«, das sie nie getragen hat. »China hieß für mich Gegenstände. Und Abwesenheit.«

Auch die erste Lüge, an die sie sich erinnert, hat mit China zu tun: Als Erstklässlerin erzählte sie in der Schule, sie sei in China geboren, obwohl sie wusste, dass es nicht stimmte. Sie lernte mit vier Jahren vom Geschäftspartner ihres Vaters, mit Stäbchen zu essen. Er sagte ihr, sie sehe chinesisch aus. Vergeblich versuchte Sontag, sich dem ihr verschlossenen Land der Eltern anzuverwandeln.

Als Sontag fünf Jahre alt war, starb ihr Vater in China an Tuberkulose, was sie von ihrer Mutter erst einige Monate später erfuhr. Keine Beerdigung, kein Grab, kein Abschied. Sontag konnte nicht glauben, dass ihr Vater »wirklich tot« war. »Ein weißer Seidenschal mit den mit schwarzem Seidenfaden aufgestickten Initialen und eine schweinslederne Brieftasche, auf deren Innenseite sein Name in kleinen Goldbuchstaben geprägt ist, das ist alles, was ich von dem besitze, was ihm gehört hat.« Die Nachricht von seinem Tod, die ihr die Mutter wenig einfühlsam überbrachte, führte zu Sontags erstem Asthmaanfall.

Das extravagante Chinakapitel im Leben der Mutter ging mit dem Tod des Vaters zu Ende. Sie zog mit ihren Töchtern von New York nach Miami, in den Südosten der USA, denn die wärmeren Temperaturen sollten das Asthma ihrer Tochter lindern. Das subtropisch-feuchte Klima Floridas machte es allerdings schlimmer, so dass die Familie schon bald in den Südwesten weiterzog und sich in Tucson in der Wüste von Arizona niederließ. Trockenes Wüstenklima galt als heilsam.

Während Sontag den Mangel an Erinnerung im Fall ihres Vaters in Idealisierung ummünzte und sich ihn als einen guten Vater vorstellte, war sie zeitlebens voller Bitterkeit, wenn es um ihre schöne und depressive Mutter ging. Eine gleichgültige, emotional unzugängliche Frau, die nie für sie da war, sich mit Alkohol betäubte, nach dem Tod des Vaters zahlreiche »Onkel« um sich scharte und immer wieder ohne Erklärung verschwand, so erscheint Mildred in ihren Erinnerungen. Sontag fühlte sich von ihrer Mutter vernachlässigt und alleingelassen. Dieser Schmerz heilte nicht.

Die Wüstenkleinstadt Tucson war der Ort, den Sontag am ehesten mit ihrer »wenig überzeugenden« Kindheit verband. Nachdem sie schon mit zwei oder drei Jahren lesen gelernt und Comics gesammelt hatte, begann sie etwa sechsjährig mit dem Lesen von Büchern. Die Biographie über die Nobelpreisträgerin Marie Curie (1867–1934), geschrieben von deren Tochter Eve Curie, war ein Buch, das ihre Kindheit prägte. In Marie Curie begegnete Sontag erstmals einer eigenständig wissen-

Welche Länder hat Susan Sontag bereist?

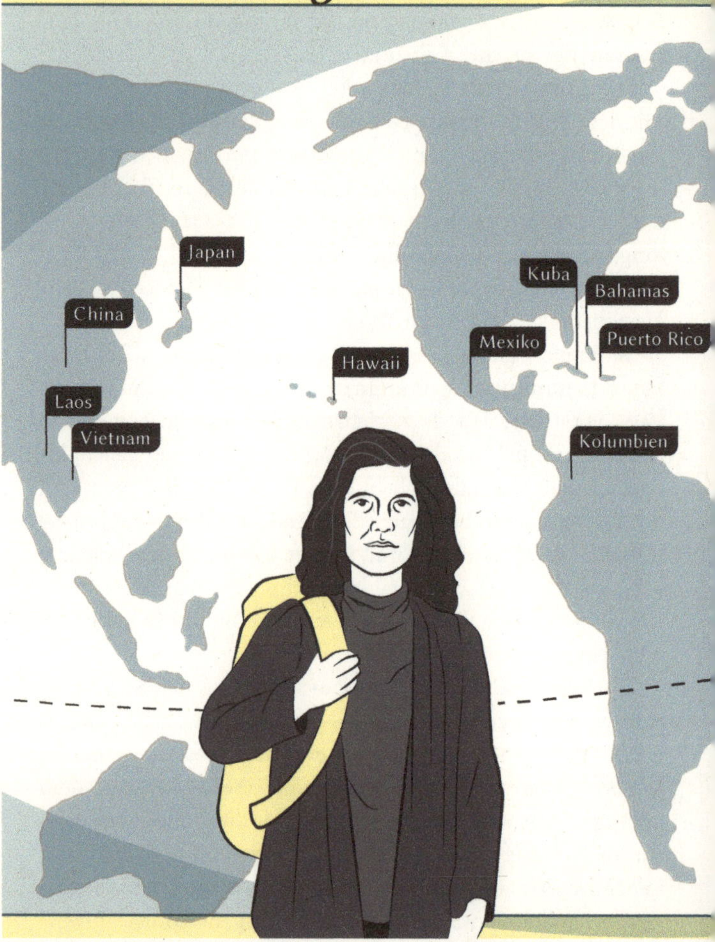

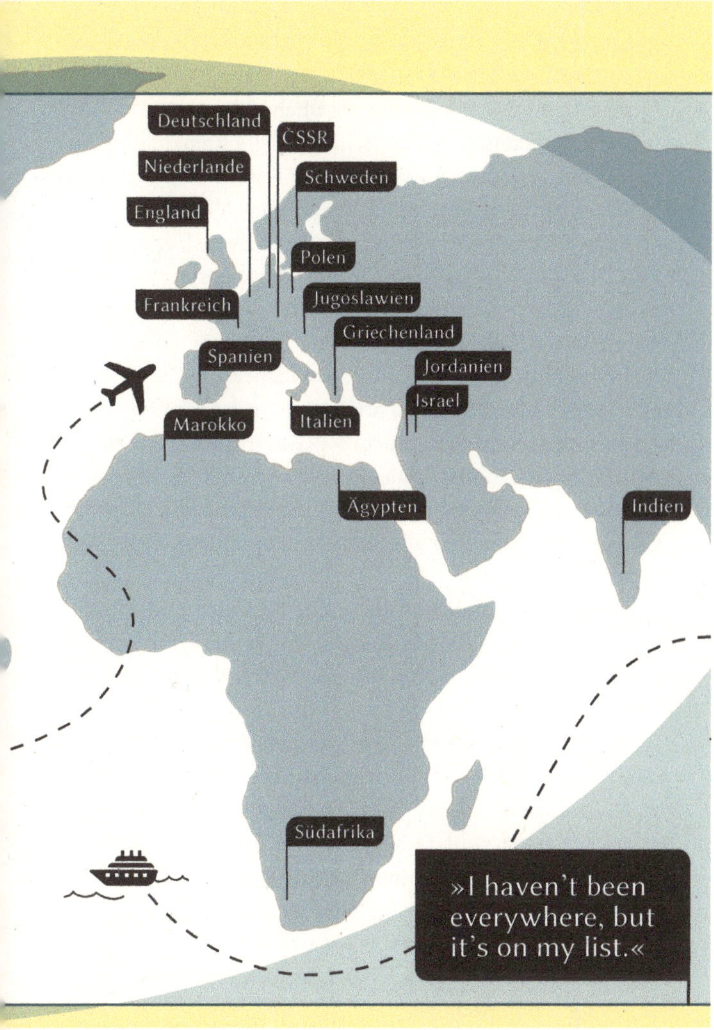

Deutschland
ČSSR
Niederlande
Schweden
England
Polen
Frankreich
Jugoslawien
Griechenland
Spanien
Jordanien
Israel
Marokko
Italien
Ägypten
Indien
Südafrika
»I haven't been everywhere, but it's on my list.«

schaftlich arbeitenden Frau, die durch ihre Forschung berühmt geworden war. Sie eignete sich als Vorbild, mit dem sich Sontag identifizieren konnte.

Ebenso einflussreich waren die Bücher des abenteuerlustigen US-amerikanischen Reiseschriftstellers Richard Halliburton (1900–1939), dem die erwachsene Sontag eine Hommage gewidmet hat. Von ihm stammt ihre »erste Vision« eines Daseins als reisende Schriftstellerin. Diese Lebensform erschien schon ihrem kindlichen Selbst als die erstrebenswerteste überhaupt: »ein Leben, erfüllt von endloser Neugier und Energie und zahllosen Begeisterungen. Ein Reisender zu sein, ein Schriftsteller zu sein – in meinem kindlichen Gemüt war es ein und dasselbe.« Rückblickend bringt Sontag ihren grenzenlosen Wissensdrang mit Halliburtons Reiseerzählungen zusammen: »Wenn ich mir jetzt wieder vor Augen führe, wieviel mir Halliburtons Bücher zu Beginn meines Lebens als Leserin bedeutet haben, sehe ich, wie sehr der Begriff des ›Reisenden‹ meinen aufkeimenden Traum, Schriftstellerin zu werden, durchsetzt, parfümiert, gefördert hat. Wenn ich mir selbst gestehe, dass ich mich für alles interessiere, was sage ich dann anderes, als dass ich überallhin reisen möchte. Wie Richard Halliburton.«

Das Interesse an allem entspricht dem Wunsch, überall gewesen zu sein, den sich Sontag, ihr Leben lang eine leidenschaftlich Reisende, fast erfüllt hat. Einer ihrer Sätze über das Reisen hat es sogar auf Tassen, T-Shirts, Poster und auf Instagram (#travelquotesinspiration) geschafft: »Ich war noch nicht überall, aber es steht auf meiner Liste.«

Schon früh kam Sontag mit deutscher Literatur und deutscher Musik in Berührung: »Noch vor Bach und Beethoven, vor Schubert und Brahms gab es ein paar deutsche Bücher.« Ihr

Lehrer Mr. Starkie brachte ihr Übersetzungen von Goethes *Werther* und Storms *Immensee* in die Schule mit, als sie zehn Jahre alt war. Damit begann, wie sie in ihrer Dankesrede zur Verleihung des Friedenspreises des Deutschen Buchhandels im Jahr 2003 erzählt, »ihre Auseinandersetzung mit deutscher Kultur und deutscher Ernsthaftigkeit«. *German Ernst*, auch ein Ausdruck von Intensität, erschien bereits der kindlichen Sontag als erstrebenswertes Ideal. Später sollte Ernsthaftigkeit zu einem ihrer Markenzeichen als Essayistin und öffentliche Intellektuelle werden.

Ihre »Wüstenkindheit«, wie sie sie einmal bezeichnet hat, war einsam. Bevor Sontag die Freiheit erwarb, durch die Welt zu reisen, bot sich im Lesen die Möglichkeit, zu geistigen Reisen aufzubrechen. Ein Ausweg aus der trostlosen Provinz und eine Gelegenheit, sich von ihrer wenig inspirierenden Umgebung abzugrenzen: »Lesen hieß, ein Messer in das Leben der anderen rammen.«

In Tucson war der Zweite Weltkrieg allgegenwärtig – zahlreiche Soldaten kurierten sich in Sanatorien aus, Lebensmittel waren knapp, immer wieder kam es zu Stromausfällen, und in der Nacht ertönten Warnsirenen. Dort lernte Sontags Mutter ihren zweiten Mann, den jüdischen Piloten Nathan Sontag, kennen, der den Absturz eines Flugzeugs in der Normandie überlebt hatte. Sein Name klang weniger jüdisch als »Rosenblatt«, so dass ihn Sontag, die bereits antisemitische Übergriffe und Beschimpfungen erlebt hatte, gerne annahm. Der Namenswechsel stellt, wie Daniel Schreiber erläutert hat, einen Wendepunkt in ihrem noch jungen Leben dar, den Beginn des »Projekts Susan Sontag«: »Mit dem alliterierenden neuen Namen, der auch zu einem Filmstar gehören könnte, betrachtete sich Sontag bald als Bürgerin der intellektuellen und urbanen

Susan Sontag als Teenager im High School Yearbook

Welt.« Ihr neues Selbstverständnis wurde durch einen Umzug der Familie nach Los Angeles, in die damals schon schillernde Filmmetropole, begünstigt.

Mit dem Umzug nach Kalifornien verstärkte sich ein Element in ihrem Leben, das die mittlerweile 13-Jährige bereits von der Erscheinung ihrer Mutter kannte und das mit ihrer zukünftigen öffentlichen Person untrennbar verbunden sein sollte: Glamour. »In den 1940er Jahren knisterte Südkalifornien regelrecht von der Anwesenheit berühmter Menschen«, erinnert sich Sontag in ihrer autobiographischen Erzählung »Wallfahrt«. Die Celebrity Culture von Hollywood, die glitzernde Facette des amerikanischen Traums, war ihr aus der Wochenschau im Kino vertraut: »Die Stars stiegen bei jeder

Filmpremiere aus ihren Limousinen, traten auf den von Jupiterlampen erhellten Bürgersteig des Hollywood Boulevard und trotzten dem Ansturm der sie belagernden, von Polizeiabsperrungen zurückgehaltenen Fans.«

Größeren Einfluss auf Sontag übten allerdings die »Götter der Hochkultur« aus, jene aus Europa geflohenen Schriftsteller und Schriftstellerinnen, die in Kalifornien vor den Verheerungen von Nazi-Deutschland Zuflucht suchten und sich, wie sich Sontag erinnert, mehr oder weniger unerkannt zwischen Zitronenbäumen, Rettungsschwimmern, Hamburger-Restaurants und Neo-Bauhaus-Architektur ergingen. Der berühmteste Emigrant in Los Angeles war Thomas Mann (1875–1955). Sein Roman *Der Zauberberg* hatte bei Sontag rauschartige Begeisterung ausgelöst. Sie las das Buch gleich zweimal hintereinander: zunächst schnell und leise, dann langsam und laut, die französischen Passagen schlug sie, da sie des Französischen nicht mächtig war, in einem eigens dafür gekauften Wörterbuch Wort für Wort nach. Eine buchstäblich atemberaubende Lektüre, »beim Lesen blieb mir fast die Luft weg«, die sie ihr ganzes Leben lang begleiten sollte.

Warum diese Faszination für den *Zauberberg*? In diesem Roman fand Sontag, wie sie sagte, »ganz Europa« wieder. Einen Kontinent, der für sie angesichts der unklaren Herkunft ihrer jüdischen polnisch-russischstämmigen Vorfahren, die von dort in die USA eingewandert waren, ein bedeutsamer Ort war. Die Tuberkulose, jene etwas schambesetzte Krankheit, an der ihr Vater gestorben war, kam im Roman ebenfalls vor, allerdings positiv gewendet, als »Inbegriff eines mitleidenden, spirituellen Interesses«. Eine Erleichterung für die jugendliche Leserin. Ihre Beschäftigung mit der Bedeutung von Krankheit, die mehrere Jahrzehnte später zu dem Buch *Krankheit als Me-*

tapher führen sollte, nahm im Lesen des *Zauberbergs* ihren Anfang, einer der intensivsten Erfahrungen ihrer »literaturberauschten« Kindheit.

Es blieb nicht bei der Lektüre des Romans – an einem Sonntagnachmittag besuchte Susan Sontag Thomas Mann in seiner Villa im Stadtteil Pacific Palisades. Darauf spielt »Wallfahrt«, der Titel der erwähnten Erzählung, an. Als Erzählerin dieser Schlüsselepisode macht sie sich zwei Jahre jünger, als sie ihrem Tagebuch zufolge tatsächlich war. Vielleicht wollte sie damit ihre Aura des Wunderkinds stärken. In der Erzählung wird Sontag von ihrem Freund Merrill begleitet, der die Nummer Thomas Manns im Telefonbuch entdeckte, gegen ihren Willen dort anrief und – erstaunlich, wie einfach – zum Tee an den San Remo Drive eingeladen wurde.

Es war ihre erste Begegnung mit der Prominenz, mit einem Menschen, von dem sie sich auf Grundlage von Fotografien ein Bild gemacht hatte. Der Besuch bei Thomas Mann hat Sontag eine Erfahrung von Peinlichkeit und Scham beschert, die sie ihr Leben lang nicht mehr vergessen sollte. »Kluft zwischen Person und Werk« hat sie das genannt. Erschreckenderweise sprach Thomas Mann nämlich gar nicht wie ein Buch, sondern wie eine Buchbesprechung. Während ihres Treffens gab er nur »Gefasel« von sich, also genau jene auch noch extrem steif und langsam vorgetragenen Plattitüden, denen die jugendliche Sontag in der Welt der Bücher doch entkommen wollte.

Eine Erfahrung, die sich später, als sie selbst Schriftstellerin war und mit bekannten Intellektuellen und Künstlern verkehrte, oft wiederholt hat. Davon erzählt die US-amerikanische Autorin Sigrid Nunez, die 1976 eine Zeit lang mit Sontag und deren Sohn David zusammenlebte. »Ich weiß, wie es ist, wenn man jemanden bewundert und ihn dann in einem nicht

Thomas Mann in seinem Haus in Pacific Palisades

gerade schmeichelhaften Licht sieht«, zitiert Nunez Sontag. »Ich weiß, das kann sehr schmerzhaft sein.« Wie aufgeregt sei sie gewesen, die bewunderten Vorbilder zu treffen, und wie enttäuschend sei es dann oft gewesen. Sontag gab Nunez, damals eine junge Autorin, den Rat, sich auf diese Enttäuschung vorzubereiten und Balzacs *Verlorene Illusionen* zu lesen. Ja, Sontags Begegnung mit dem berühmten Schriftsteller war desillusionierend. Die Anziehungskraft, die Berühmtheit zeitlebens auf Sontag ausüben sollte, vor allem wenn sie mit hoher Intelligenz oder Schönheit einherging, minderte sie nicht.

Sontag, die am Ende ihrer ersten Woche in der Grundschule bereits in der dritten Klasse war, beendete mit 15 Jahren die North Hollywood High School in Los Angeles. Es gab für sie

Eigenschaften, die mich antörnen

(jemand, den ich liebe, muss mindestens zwei oder drei davon haben):

1. Intelligenz
2. Schönheit, Eleganz
3. Douceur [*Sanftheit, Liebenswürdigkeit*]
4. Glamour, Prominenz
5. Kraft
6. Vitalität, Freude am Sex, Fröhlichkeit, Charme
7. Emotionale Ausdrucksfähigkeit, Zärtlichkeit (verbal, körperlich), Herzlichkeit

Eine meiner großen Entdeckungen in den letzten Jahren war (peinlicherweise), wie sehr ich auf 4. reagiere – Jasper – selbst Dick Goodwin, Warren Beatty – jetzt C.

Intelligenz bedeutet, eine (artikulierbare, verbalisierbare) Wahrnehmungsweise zu haben, die vielleicht nicht originell, aber zumindest erkennbar persönlich ist. Dass ich von etwas, was jemand anderes sagt, elektrisiert sein kann. (Philip hatte das – Irene – Jasper – Eva)

Glamour erfordert einen gewissen Abstand zwischen der Person und dem Image, das der Person vorausgeht (dem Titel). »Das hier ist X, der – Jasper, der Maler. Carlotta, die Herzogin. Warren, der Filmstar.« (Aber nicht Eva, die Deutschlehrerin – das ist eine Rolle, kein Image. Kein Abstand »zwischen« Person und Rolle.)

(*Ich schreibe, um herauszufinden, was ich denke*, Tagebücher 1964–1980, Eintrag vom 15.02.1970) dort nichts mehr zu lernen, so die Einschätzung des Schuldirektors. Die Kindheit, von Sontag als langer Freiheitsentzug empfunden, war endlich vorbei.

***

Erste Station ihrer neuen Freiheit war die kalifornische Berkeley-Universität. Dort traf sie in einem Buchladen auf Harriet Sohmers, eine fünf Jahre ältere Studentin aus New York, die sexuell äußerst experimentierfreudig und mit Avantgardekünstlern wie John Cage und Merce Cunningham bekannt war. Harriet taxierte die auffallend hübsche Sontag und fragte sie, ob sie *Nachtgewächs* gelesen habe. Ein Anmachspruch, der ins Schwarze traf: Sontag hatte das Kultbuch der lesbischen US-amerikanischen Schriftstellerin Djuna Barnes (1892–1982) kurz zuvor verschlungen. Es spielt in Paris zwischen den Weltkriegen, feiert die Nacht und den Dreck und setzt beides der amerikanischen Sauberkeit entgegen. Begeistert vertraut Sontag ihrem Tagebuch an: »Was für eine großartige Prosa sie schreibt – So möchte ich auch schreiben.«

Harriet führte sie in die lesbische und schwule Barszene im benachbarten San Francisco ein. Rauschhafte Nächte, ihr erotisches Erwachen mit der erfahreneren Freundin, der Wunsch, zu schreiben: All das vermischte sich und gab ihr das Gefühl, wiedergeboren zu sein, ein Leben führen zu können, das intellektuelle und sexuelle Leidenschaft, Geist und Körper verbindet. Eine Phase, die nur kurz währte: Sontag bekam ein Stipendium an der renommierten Universität von Chicago und tauschte das freizügige Kalifornien gegen ein kompetitives akademisches Umfeld im Mittleren Westen ein.

Chicago war in den 1950er Jahren einer der interessantesten

Djuna Barnes, ca. 1921

akademischen Orte der USA. Es gab an der Universität weder ein Footballteam noch Lehrbücher. Vielmehr unterrichteten die brillantesten Denker des Landes nach dem Vorbild der klassischen *liberal arts* einen bildungsbürgerlichen Kanon, der das freie Denken und Argumentieren fördern sollte. Für Sontag war das der Inbegriff einer Wunscherfüllung. Endlich war sie unter Gleichgesinnten, mit denen sie Tag und Nacht über antike Philosophie, Immanuel Kant oder René Descartes diskutieren konnte. Auch in Chicago fiel sie durch ihre große Belesenheit auf. Ihre Collegezeit verkürzte sich dadurch von vier auf zwei Jahre. Bereits mit 18, drei Jahre früher als üblich, machte sie ihren Abschluss.

Als sie von Berkeley nach Chicago ging, gaben ihr Freunde den Rat, sich zur Heterosexualität zu zwingen, wenn sie »normal« sein wolle: »Keine Frauen mehr, keine Bars mehr.« Dieser Rat, den sie im Tagebuch festhält, hat vermutlich Eindruck auf Sontag gemacht. In Chicago heiratete sie nach einer zehntägigen Kennenlernphase mit 17 Jahren ihren 28-jährigen Soziologiedozenten Philip Rieff, einen anglophilen jüdischen Intellektuellen, der als Star seines Faches galt und den ein heute aus der Mode gekommenes Accessoire charakterisierte: der Gehstock. Philip Rieff legte sich im Laufe seines Lebens eine ganze Sammlung von Gehstöcken zu.

Optisch waren die beiden ein kurioses Paar. An der Universität machte das Gerücht die Runde, Rieff habe »eine 14-jährige Indianerin« geheiratet. Erstaunlich klar ist Sontags Kommentar zur Heirat, den sie ihrem Tagebuch anvertraut: »Ich heirate Philip im vollen + beklemmenden Bewusstsein meines Drangs zur Selbstzerstörung.« In ihrer autobiographischen Erzählung »Die Briefszene« hat Sontag ihre Ehe als »deliriöses Miteinander ununterbrochenen Redens« beschrieben. Eine symbiotische Beziehung, wie sie sie seitdem nicht wieder erlebt habe: »Selbst wenn ich einen schmerzhaften Druck auf der Blase verspürte, wollte ich mich seiner Gegenwart nicht berauben; weiterredend folgte er mir auf die Toilette.« Noch als Teenager wurde Sontag Mutter: Sie war 19, als ihr Sohn David geboren wurde. Mit beeindruckender Geschwindigkeit häufte sie Belege für heterosexuelle »Normalität« an.

Sontag wechselte nach Harvard und begann eine Doktorarbeit in Philosophie, als ihr Ehemann eine Stelle an der nahegelegenen Brandeis Universität annahm. Gemeinsam arbeitete das Ehepaar intensiv an Philip Rieffs Buch über Sigmund Freud, das er 1959 unter dem Titel *Freud: The Mind of the Moralist* als alleiniger Autor veröffentlichte. Sontag hat später wiederholt gesagt, sie sei die eigentliche Autorin dieses Buches. In Harvard wurden der protestantische Theologe Paul Tillich und der charismatische Religionsphilosoph Jacob Taubes (1923–1987), beide aus Deutschland emigriert, zu wichtigen Mentoren Sontags. Mit der Ehefrau von Jacob Taubes, Susan Taubes, verband Sontag eine intensive Freundschaft. Wie konservativ das Milieu war, in dem sie sich zu dieser Zeit bewegte, erhellt eine Anekdote, die Sontag später oft erzählt hat: Bei den akademischen Partys trennten sich Männer (mit Zigarre und ernsthaften Themen) und Frauen nach dem Essen. Sontag wusste nicht, worüber sie mit den Ehefrauen der Professoren reden sollte, und entschied sich schließlich, zu den Männern zu gehen. Die akzeptierten sie in ihrer Runde, doch ihr konventioneller Ehemann tat sich mit diesem Regelverstoß schwer.

In Harvard lernte Sontag im Kino eine neue Musik kennen, auf die sie körperlich reagierte: Rock'n'Roll. »Rock'n'Roll hat wirklich mein Leben verändert. Bill Haley and the Comets – für mich war das eine wirkliche Offenbarung. Und dann hörte ich Johnnie Ray ›Cry‹ singen – auf einer Jukebox – und bekam eine Gänsehaut.« Dass sich eine Harvard-Studentin, die Bach, Mozart und Beethoven liebte, auch für populäre Musik begeisterte, war im Amerika der 1950er Jahre noch ungewöhnlich. »Ich machte viele Dinge allein«, erinnert sie sich rückblickend, »weil es niemanden gab, mit dem ich sie hätte teilen können.« Auch vor Philip Rieff hielt sie ihre Begeisterung geheim.

Schließlich ging ein langgehegter Wunsch in Erfüllung – ihr »wildes Verlangen, nach Europa zu kommen«, wie es in einer ihrer unveröffentlichten autobiografischen Erzählungen heißt. Sontag erhielt ein Stipendium an der Universität von Oxford. Sie einigte sich mit ihrem Ehemann auf eine einjährige Trennung, in der sie sich täglich Luftpostbriefe schreiben wollten. Rieffs Eltern sollten in ihrer Abwesenheit auf den mittlerweile fünfjährigen David aufpassen. »Und alle Mythen Europas erklangen in ihrem Kopf«, heißt es in der unveröffentlichten Ge-

Soundtracks zu Sontags Leben

1. Johann Sebastian Bach, Glenn Gould/Leonard Bernstein, Klavierkonzert Nr. 1 d-Moll BWV1052, 1. Satz (1730/33)
2. Johnnie Ray, Cry (1951)
3. John Cage, 4'33'' (1952)
4. Bill Haley and the Comets, Rock Around the Clock (1956)
5. Chuck Berry, Sweet Little Sixteen (1958)
6. The Supremes, Where Did our Love Go (1964)
7. Dionne Warwick, Anyone Who Had a Heart (1964)
8. Dobie Gray, The 'In' Crowd (1965)
9. The Beatles, Help! (1965)
10. The Doors, People Are Strange (1967)
11. Velvet Underground, Venus in Furs (1967)
12. Patti Smith, Free Money (1975)
13. Fischerspooner, We Need A War (2005), Songtext: Susan Sontag
14. Ludwig van Beethoven, Brentano String Quartet, Streichquartett Nr. 15 in a-Moll op. 132, 1. Satz (1825)

Link zur Playlist:

https://www.reclam.de/sontag

schichte. »Verdorbenes Europa, erschöpftes Europa, amoralisches Europa.«

***

Sontag blieb nur kurz in Oxford. Das akademische Umfeld – Männer, die sie an ihren steifen Ehemann erinnerten, angestrengter Karrierismus, uninspirierte Gespräche, Bücher aus der Universitätsindustrie – all das erschien ihr äußerst unattraktiv. Die amerikanische Autorin Judith Spink Grossmann, die mit Sontag in Oxford studierte, hat erzählt, wie dort über Sontags Herkunft gerätselt wurde: Kam sie aus Südamerika oder aus dem Hindukusch? Sie erschien ihren Kommilitonen als fremdartiges Wesen, stets schwarz gekleidet und in Cowboystiefeln, intellektuell dominant, ein dunkler Prinz.

Wenige Monate nach ihrer Ankunft in Europa zog Sontag weiter nach Paris. Paris war Ende der 1950er Jahre von der philosophischen Bewegung des Existenzialismus geprägt. Flüchtig begegnete Sontag auf einer Party, die sie in ihrem Tagebuch minutiös beschrieben hat, Jean-Paul Sartre. Und sie hörte Simone de Beauvoir bei einem Vortrag zu. Paris war aber auch eine Stadt, in der zahlreiche Amerikaner und Amerikanerinnen lebten, auf der Suche nach Inspiration, Abenteuer, Sex, dem berühmten *Je ne sais quoi*. Sontag bewegte sich in einem Kreis von Exilamerikanerinnen. Schnell entdeckte sie ihre Liebe für den Savoir-vivre der Bohème, der sich zwischen Cafés, Bars, Kinos und Betten abspielte, wie sie in einem Interview erzählt hat:

> Um elf Uhr in einem *chambre de bonne* [Dienstmädchenkammer] aufwachen, Lunch in einem billigen Bistro, den Nachmittag im Old Navy oder einem anderen, nicht ganz so

hippen Café am Boulevard Saint-Germain, ein Baguettesandwich, bevor man sich zögerlich zum ersten (oder zweiten oder dritten) Film an der Cinémathèque begab, los mit deinen Freunden zu einer Bar mit Jazz oder einer Bar, die so richtig berüchtigt war, und dann, nicht vor drei Uhr morgens, und wenn man seinen Job richtig gemacht hat, nicht allein, ins Bett. (übers. von Daniel Schreiber)

Paris war die erste Großstadt, in der die erwachsene Sontag für längere Zeit lebte, zudem ohne Ehemann und Kind. Die 25-Jährige war begeistert von ihrer Freiheit und Unabhängigkeit, genoss die Anonymität der Stadt und holte nach den von der akademischen Arbeit geprägten Jahren mit Philip Rieff ihre Jugend nach.

In Paris kam Sontag mit der literarischen Avantgarde in Berührung, die neue Formen des Erzählens erprobte und den Nouveau Roman erfand. Endlich konnte sie ihre Cinephilie offen ausleben. In den USA war sie heimlich ins Kino gegangen, weil der Film zur Unterhaltungskultur gehörte und in der akademischen Welt keinen guten Ruf hatte. Sontag aber empfand das Kino als Schule des Lebens, als Schule des Stils. Dort lernte sie, so schreibt sie rückblickend auf »Ein Jahrhundert Kino«, »wie man sich in Pose warf, wie man rauchte, küsste, kämpfte, trauerte.« Im Paris dieser Jahre hatte sich anders als in den USA bereits eine Filmkritik entwickelt, die sich dem Kino ebenso ernsthaft zuwandte wie die Literaturkritik der Literatur. Das prägte Sontags lebenslange Auseinandersetzung mit dem Film.

Entgegen ihrem ursprünglichen Vorhaben, in Paris weiter an ihrer Dissertation zu arbeiten, besuchte Sontag keine Universität. Die französische Sprache brachte sie sich selbst bei, durch Listen von Wörtern, die sie zu den jeweiligen Aspekten ihres neuen Lebens anfertigte. Das Leben in Paris machte sie mit einer anderen Diskussionskultur als der akademischen vertraut, in der es auch um Intuition und Parteilichkeit ging und in der es eine Offenheit gegenüber radikalen linken Positionen wie dem Kommunismus gab. Sontag sollte diese Radikalität mit in die USA der 1960er Jahre nehmen. Auch ihr Wunsch, zu schreiben, der von der akademischen Karriere überlagert worden war, erwachte wieder.

Besonders anziehend aber war Paris, weil ihre Freundin aus Berkeley, Harriet Sohmers, laut Sontag die »schönste Zierde der amerikanischen Bohème«, mittlerweile dort lebte. Sie arbeitete bei der englischsprachigen Zeitung *Herald Tribune* (es wird spekuliert, sie sei Jean-Luc Godards Inspiration für die von Jean Seberg verkörperte Figur in *Außer Atem* gewesen) und traf sich mit amerikanischen Schriftstellerinnen, Künstlern und Journalistinnen aus dem Umfeld der Beatniks. Mit Harriet knüpfte Sontag an ihre lesbische Vergangenheit und die in Berkeley erfahrene sexuelle Befreiung an. Erstmals lebte sie ihr lesbisches Begehren offen aus. Die Liebesbeziehung der beiden Frauen war tumultuös (Harriet schlug Sontag einmal aus Eifersucht ins Gesicht) und unglücklich, trug aber zu der radikalen Entscheidung bei, die Sontag in Paris traf: der Entscheidung, ihren Mann und die universitäre Welt zu verlassen, um von nun an ein ungebundenes und unabhängiges Leben als Schriftstellerin und freie Intellektuelle zu führen. Eine Lebensform, die sie später gerne als französische Erfindung pries. Der Aufenthalt im Paris der Jahre 1958/59 legte den Grundstein für Sontags Frankophilie: Zeitlebens war sie von französischen Ideen geprägt und sollte ihre Zeit später zwischen New York und Paris, »ihrer zweiten Heimatstadt«, aufteilen.

Bei ihrer Rückkehr aus Frankreich kam es am Flughafen in

Harriet Sohmers und Susan Sontag in Paris (1958/59)

San Francisco zu einer dramatischen Szene. Sontag verarbeitete das Wiedersehen mit ihrem Ehemann, der als Dozent an der Universität von Berkeley mittlerweile in Kalifornien lebte, in der Erzählung »Die Briefszene«: »Er holte mich am Flughafen ab, eilte aus dem Wartebereich auf die Rollbahn, sobald er mich aus dem Flugzeug steigen sah. Wir umarmten uns, holten meinen Koffer ab, erreichten den Parkplatz. Sobald wir ins Auto gestiegen waren, noch bevor er den Zündschlüssel ins Schloss gesteckt hatte, sagte ich es ihm. Wir saßen im Auto und redeten; wir weinten.« Sontag erklärte Rieff, dass sie sich scheiden lassen werde. Sie holte ihren Sohn David zu sich. Nur wenig später lebte sie bereits als alleinerziehende Mutter in New York.

Mit Erfolg hatte sie sich selbst erfunden, jetzt ging es an die Ausarbeitung ihrer Ideen. Sontag war 26 Jahre alt. Noch fünf Jahre – und sie wird berühmt sein.

Gegen Interpretation: Berühmt werden

Sontags Ankunft in New York erinnert an eine Filmszene: mit zwei Koffern, 70 Dollar, einem Kind und dem unbedingten Willen, berühmt zu werden. Kurz vor Anbruch der 1960er Jahre war New York für eine junge Frau, die an allem Künstlerischen und Hippen interessiert war (›hip‹ war um 1950 in die Sprache der weißen progressiv gesinnten US-amerikanischen Jugend eingewandert) und die Schriftstellerin werden wollte, der schillerndste Ort der USA, vielleicht sogar der Welt. In New York konzentrierte sich die künstlerische Avantgarde, die die Kunst revolutionieren würde. Die Bohème, angesiedelt an der Upper West Side und im Greenwich Village, interessierte sich für experimentelle Kunstformen, feierte Partys und genoss sexuelle Freiheit. Zahlreiche Verlage, Zeitschriften und Zeitungen hatten ihren Sitz in der Stadt. Unendliche Möglichkeiten, interessante Menschen zu treffen, Neues zu sehen, Aufregendes zu hören und Inspiration für das eigene Schreiben zu sammeln. Sontag griff mit beiden Händen zu: »Ich habe alles getan, was ich tun musste, um berühmt zu werden«, wird sie von Benjamin Moser, ihrem amerikanischen Biographen, zitiert (selbstverständlich verrät sie nicht, was genau das war). Drei Elemente sollten so ineinandergreifen, dass Sontag innerhalb weniger Jahre zum intellektuellen Star New Yorks wurde: ihr Geist, ihr Charisma und die richtigen Kontakte.

Zunächst allerdings überwog der Eindruck der Hässlichkeit. Sontags erster Tagebucheintrag nach ihrer Ankunft in New York lautet: »Die Hässlichkeit von New York. In NY verwandelt sich Sinnlichkeit ganz und gar in Sexualität – keine Objekte, auf die die Sinne reagieren könnten, kein schöner Fluss, keine schönen Häuser, keine schönen Menschen. Widerlicher Straßengestank und Schmutz ... Nichts außer dem Essen, jedenfalls manchmal, und der Ekstase im Bett.«

Die geschiedene Mutter, die auf eigenen Wunsch nur Alimente für ihren Sohn erhielt, hatte in New York zunächst wenig Geld. Sie zog mit David in eine kleine Zweizimmerwohnung an der Upper West Side. Der Religionsphilosoph Jacob Taubes, ihr Freund und Mentor aus der Zeit in Harvard, vermittelte ihr eine Stelle als Redaktionsassistentin bei der renommierten jüdischen Zeitschrift *Commentary*. Nach einem halben Jahr verließ sie die Redaktion bereits wieder, um mehr Zeit für ihr eigenes Schreiben zu haben. Ihren Lebensunterhalt finanzierte sie nun durch Lehraufträge an verschiedenen New Yorker Colleges. 1960 erhielt sie eine feste Stelle als Dozentin für Religionsphilosophie an der Columbia University, wo Taubes eine Professur angetreten hatte. Auf dem Lehrplan des Seminars, das sie unterrichtete, standen:

- Nachbiblisches Judentum
- Islam
- Frühe iranische & vedische Religion & Zoroastrismus
- Brahmanismus, indischer Buddhismus und Hinduismus

- Einheimische chinesische Religionen
- Buddhismus, vor allem in China und Japan.

Noch spielte Sontag mit dem Gedanken, ihre Doktorarbeit zu beenden.

Kurze Zeit nach ihrer Ankunft in New York begann sie, die Kunstszene zu erkunden und auf Partys zu gehen. David sei auf Mänteln aufgewachsen, hat Sontag immer wieder erzählt, gemeint sind die übereinandergeworfenen Mäntel auf den Partys, zu denen sie ihn mitnimmt. Für einen Babysitter hatte sie kein Geld, und aufs Ausgehen zu verzichten, war keine Option. Es war keine gute Idee, ihn überallhin mitzunehmen, fand ihr erwachsener Sohn später. Sontag entwickelte als alleinerziehende Mutter, die ein anspruchsvolles Berufsleben mit ihrem Interesse an kulturellen und nächtlichen Aktivitäten vereinbaren wollte, ihre eigenen Regeln der Kindererziehung. Nach den ersten Monaten in New York notierte sie:

1. Konsequent sein
2. Nicht in seiner Gegenwart mit anderen über ihn reden (z. B. lustige Zwischenfälle erzählen). (Ihm seine Unbefangenheit nicht nehmen.)
3. Ihn nicht für etwas loben, was ich nicht jederzeit gutheißen würde.
4. Ihn nicht für etwas scharf tadeln, was er tun durfte.
5. Täglicher Ablauf: Essen, Hausaufgaben, Baden, Zähne, Zimmer, Geschichte, Bett.
6. Nicht zulassen, dass er mich in Beschlag nimmt, wenn ich mit anderen Leuten zusammen bin.
7. Immer gut von seinem Papa sprechen. (Keine Grimassen, Seufzer, Ungeduld etc.)

8. Kindliche Phantasien zulassen.
9. Ihm vermitteln, dass es eine Erwachsenenwelt gibt, die ihn nichts angeht.
10. Nicht davon ausgehen, dass er Dinge, die ich nicht gerne mache (baden, Haare waschen), auch nicht gerne macht.

Schnell kam Sontag mit bedeutenden Vertretern der Kunstszene in Berührung, lernte etwa Claes Oldenburg kennen, einen frühen Vertreter der Pop-Art. Sie entdeckte die neue Kunstform der Happenings, ging ins Off-Off-Broadwaytheater, wo der französische Dramatiker Antonin Artaud gespielt wurde, und schaute sich die Filme des litauisch-amerikanischen Filmemachers Jonas Mekas an. Mit 26 Jahren lernte sie auf Partys zu tanzen und wurde zur begeisterten Tänzerin (eine der wenigen Erfahrungen, die sie eher spät machte).

Wieder war es Harriet Sohmers, ihre temperamentvolle Gefährtin aus Berkeley und Paris, mittlerweile ebenfalls nach New York gezogen, die Sontag mit ihren Freunden und Freundinnen bekanntmachte. Darunter waren die US-amerikanisch-kubanische María Irene Fornés, die eine erfolgreiche feministische Dramatikerin werden würde, und Alfred Chester, ein schwuler Schriftsteller, der sich gerade unter der New Yorker Intelligenz durch seine Literaturkritiken einen Namen machte. Zu viert vergnügten sich die drei auffallend attraktiven Frauen und der auffallend unansehnliche Chester, der als Kind durch eine Krankheit alle Haare verloren hatte, im Nachtleben. Dabei wirkten die drei Frauen für Beobachter wie Göttinnen oder Amazonen, die einen kleinen Mann mit zotteliger Perücke beschützten. Dem Zeitalter der sexuellen Revolution gemäß schliefen sie in allen möglichen Konstellationen miteinander, und Chester machte Sontag sogar einen Heiratsantrag.

Sontags Liebschaften von B bis Z

- Warren Beatty, Hollywood-Schauspieler
- Joseph Brodsky, Schriftsteller und Nobelpreisträger
- Alfred Chester, Schriftsteller
- Lucinda Childs, Tänzerin und Choreografin
- Bernard Donoughue, Sontags Kommilitone in Oxford, Politiker
- Lilly Engler, Psychoanalytikerin
- María Irene Fornés, Dramatikerin
- Richard Goodwin, Redenschreiber für den Präsidenten John F. Kennedy
- Jasper Johns, Künstler
- Robert Kennedy, Politiker
- Eva Kollisch, Literaturwissenschaftlerin
- Annie Leibovitz, Fotografin
- Dick Lynn, Student an der Universität von Chicago
- Carlotta del Pezzo, Herzogin
- Philip Rieff, Soziologe
- Nicole Stéphane, Schauspielerin
- Roger Straus, Verleger
- Jacob Taubes, Religionsphilosoph
- Paul Thek, Künstler
- Harriet Sohmers Zwerling, Künstlermodell, Memoirenautorin, Bohemienne

+ 36 Frauen und Männer, mit denen Sontag im Alter von 14 bis 17 geschlafen hat (aufgelistet in einem unveröffentlichten Dokument mit dem Titel »Fortschritte in Bisexualität«, das sich in Sontags Nachlass an der Universität von Kalifornien befindet)

María Irene Fornés (l.)
und Susan Sontag

Sontag und die charismatische Fornés, als »Queen of Downtown« verehrt, wurden bald ein Paar; Fornés zog zu Sontag und David. Die Tatsache, dass die Freundin anders als sie selbst war, nämlich ohne aus der universitären Welt zu stammen intelligent und künstlerisch hochtalentiert, empfand Sontag als großes Glück. Ende 1959 schrieb sie in ihr Tagebuch:

> Bis jetzt dachte ich immer, gut kennen oder wirklich lieben könnte ich nur Menschen, die ein Duplikat oder eine Variante meines eigenen jämmerlichen Ichs darstellen. (Meine intellektuellen und sexuellen Regungen waren immer inzestuös.) Jetzt kenne + liebe ich jemanden, der anders ist als ich – z. B. keine Jüdin, keine typische New Yorker Intellektuelle –, ohne dass das unserer Vertrautheit Abbruch tun würde. Ich bin mir Is Fremdheit, der Tatsache, dass wir keinen gemeinsamen Hintergrund haben, stets bewusst – und erlebe das als echte Befreiung.

Sontags Zusammensein mit Fornés war sexuell erfüllend und künstlerisch anregend zugleich.

Einen typischen Tagesablauf in der gemeinsamen Zeit mit Fornés und den Bohème-Freundinnen und -Freunden hielt Sontag im Februar 1960 im Tagebuch fest:

Samstag:
Um 7 aufgewacht
Um 10.30 Museum [*of Modern Art*]
I kommt um 13 Uhr, Kaffee + Mittagessen: *Ärger im Paradies* [*Film von Ernst Lubitsch*]
16.30 bis 17.00 Kaffee mit I, Gespräch, sie begleitet mich, als ich mit dem Taxi in die 118th St. fahre, um David abzuholen
Setze I in der 79th St. ab – sie besucht Alfred Chester
Ich gebe D zu essen + bringe ihn ins Bett. A ruft an und drängt mich, zur Party zu kommen
Ich lese den *Listener* – telefoniere mit Jack, Harriet – gehe um 21.30
Taxi in die 14th St. – kaufe Karten für Film von [*Avantgarde-Filmregisseur*] Kenneth Anger und Pirandello-Party – gehe wieder – Times Square
Bardot-Film – um 4 Uhr früh zu Hause

Die Intensität dieser Tagesgestaltung lässt auf ein Übermaß an Energie schließen. Für ihren Sohn war das Sontags bestimmende Eigenschaft: Seine Mutter habe einfach jede Erfahrung machen wollen, jeden Film sehen, jede Tanzperformance, jeden Club.

Philip Rieff bekam, vermutlich durch David, der ihn regelmäßig besuchte, etwas vom neuen Leben seiner Exfrau mit und wurde wütend. Mit der Begründung, Sontag sei als lesbische Frau für die Mutterrolle ungeeignet, versuchte er das Sorgerecht für seinen Sohn einzuklagen. Daraufhin kam es zu einem Prozess, über den die Boulevardzeitungen berichteten. Von Alfred Chester stammt die Erzählung, wie Sontag und Fornés am Tag der Verhandlung im Gerichtssaal erschienen, geschminkt, in Kleidern und hohen Schuhen. Der Richter war so beeindruckt von der Schönheit der beiden Frauen, dass er nicht glauben konnte, sie seien lesbisch. Sontag gewann den Prozess. Das Verfahren, das mit der Schlagzeile »Lesbische Religionsprofessorin erhält Sorgerecht« in den *Daily News* landete, setzte ihr allerdings zu. Homosexualität war damals gesetzlich verboten, wurde allerdings, vor allem bei Frauen, nicht verfolgt, sofern sie sich nicht in der Öffentlichkeit abspielte.

Aus ihrem Tagebuch geht hervor, wie sehr sich Sontag wegen ihres Lesbischseins schuldig fühlte. Das Schreiben begriff sie als eine Art Befreiung oder als Linderung dieser Schuld. »Mein Wunsch zu schreiben hängt mit meiner Homosexualität zusammen. Ich brauche diese Identität als Waffe, als Gegenstück zu der Waffe, die die Gesellschaft gegen mich einsetzt. Es rechtfertigt meine Homosexualität nicht. Aber es würde mir – glaube ich – eine gewisse Berechtigung verschaffen.« Vermutlich hat auch die schambesetzte Erfahrung des Sorgerechtsprozesses dazu beigetragen, dass sich Sontag zeitlebens nicht als lesbisch geoutet hat.

Alfred Chester und María Irene Fornés unterstützten Sontag auf unterschiedliche Weise dabei, die akademische Welt hinter sich zu lassen und Schriftstellerin zu werden. Chester wurde für sie zum Vorbild eines freien Autors, an dem sie sich orientieren konnte. Der Freund ermutigte sie und vermittelte ihr Kontakte in die New Yorker Intellektuellenszene. Fornés wiederum inspirierte Sontag zum Schreiben ihres ersten Romans: Gemeinsam waren sie an einem Samstagabend im Frühjahr 1961 in Greenwich Village unterwegs, auf der Suche nach einer Party. Sontag war frustriert, weil sie einen Roman schreiben wollte, aber nicht wusste wie. Fornés schlug ihr daraufhin vor, aufs Ausgehen zu verzichten, in die Wohnung zurückzugehen, sich an den Küchentisch zu setzen und sofort mit der Arbeit zu beginnen. Zu Hause angekommen, griff Sontags Freundin zum Kochbuch, schlug es zufällig auf und fing an, eine Kurzgeschichte zu schreiben, mit dem ersten Wort jedes Satzes auf der Seite. So einfach geht Schreiben! Sontag setzte sich ihr gegenüber und machte mit. Ohne länger nachzudenken, brachte sie die ersten Sätze ihres Romans zu Papier. Die einfache Übung löste die Schreibblockade Sontags, die von nun an zielstrebig an ihrem Debüt *Der Wohltäter* arbeitete. Fornés, die sich bislang mit Malerei beschäftigt hatte, fand dadurch, glaubt man ihrer charmanten Erzählung, zum Schreiben von Theaterstücken.

Die erste Hürde war genommen. Sontag hatte schon bald ein etwa 80-seitiges Manuskript, das sie dem prestigeträchtigen Verlagshaus Farrar, Straus and Giroux anbieten konnte. Dieser Verlag war in den frühen 1960ern für seinen aristokratischen Geschmack bekannt, dafür, die anspruchsvollsten und schönsten Bücher herauszubringen und zahlreiche internationale Autorinnen und Autoren sowie zukünftige Nobelpreisträger nach Amerika zu holen. Sontags wichtigste Bezugsperson beim Verlag war der kraftstrotzende Roger Straus, der aus zweien der reichsten jüdischen Familien des Landes stammte. Ihm gefiel Sontags Manuskript: »Ein wunderbar einfallsreiches Werk, dessen Veröffentlichung großen Spaß machen wird«, teilte er Sontag nach seiner Lektüre mit. Sie besaß exakt die Brillanz, den Glamour und die Energie, die bei Straus verfingen. Der Verleger war sich sicher, in Sontag eine der bedeutendsten literarischen und intellektuellen Stimmen der kommenden Generationen entdeckt zu haben.

Ab dem Frühjahr 1962 war Sontag regelmäßig zu Gast auf den flamboyanten Partys im Townhouse der Familie Straus. Dort versammelte sich die kulturelle Prominenz New Yorks. Sontag erwies sich als begabte Netzwerkerin, die durch ihre Ausstrahlung beeindruckte und es intuitiv verstand, Menschen für sich einzunehmen. So auch William Phillips, den Mitbegründer der linken Zeitschrift *Partisan Review*, für die die vorwiegend jüdische Gruppe der sogenannten »New Yorker Intellektuellen« schrieb (darunter auch die Philosophin Hannah Arendt). Dieses Magazin, das die ästhetischen und politischen Debatten der Zeit bestimmte, war eines der einflussreichsten in der ersten Hälfte des 20. Jahrhunderts. Es brachte zahlreiche moderne Schriftsteller, wie zum Beispiel Franz Kafka, der amerikanischen Leserschaft nahe. Sontag fragte Phillips, wie man dazu komme, Besprechungen für die *Partisan Review* zu schreiben. »Man fragt«, sagte er. »Ich frage«, entgegnete Sontag und schrieb ihre erste Buchkritik. Dieser erste von zahlreichen Beiträgen, die sie in den nächsten Jahren in der Zeitschrift veröffentlichen sollte, war die Erfüllung eines lang gehegten Traumes: Schon in ihrer Schulzeit in Los Angeles hatte sie die *Partisan Review* gelesen, obwohl sie fast nichts verstand, hatte sie bewundert und davon geträumt, eines Tages für sie zu schreiben.

Während des Druckerstreiks der *New York Times* im Februar 1963 entschloss sich eine Gruppe von Redakteurinnen und Redakteuren – Elisabeth Hardwick, Robert Silvers, Jason und Barbara Epstein – ein neues Magazin zu gründen, *The New York Review of Books*. Ihr Ziel war es, die Qualität der literaturkritischen Beiträge zu verbessern. Das Magazin, auch als »Universität in Form einer Zeitschrift« bezeichnet, sollte sich zum bedeutsamsten Instrument amerikanischer Kulturkritik entwickeln. Sontag war in der ersten Ausgabe neben bekannten Schriftstellern wie Norman Mailer und W.H. Auden mit einem Essay über die französische Philosophin Simone Weil vertreten und blieb der Zeitschrift zeitlebens verbunden.

Neben den Essays für die verschiedenen nichtakademischen Zeitschriften, die ein außeruniversitäres gebildetes Publikum ansprachen, schrieb Sontag ihren Debütroman zu Ende. Es muss eine extreme Zeit gewesen sein, wie Sontag Sigrid Nunez erzählt hat: »Als ich die letzten Seiten von *Der Wohltäter* schrieb, aß ich tagelang nichts, schlief nicht und zog mich nicht um. Ganz am Schluss konnte ich nicht einmal mehr mit dem Tippen aufhören, um mir Zigaretten anzuzünden. David stand neben mir und zündete sie für mich an, während ich weiter tippte.« David war zehn Jahre alt.

Im Herbst 1963 erschien *Der Wohltäter*, ein von der französischen Literatur und Philosophie inspirierter Bewusstseinsroman, der einen homosexuellen Dichter ins Zentrum rückt. Sontag hatte ihn Fornés gewidmet, ihre Liebesbeziehung war zu dieser Zeit aber bereits zu Ende. Hannah Arendt gefiel der Roman, und sie schrieb einen Werbetext für das Buch. Die Kritik reagierte wohlwollend und verwundert über den fremden Klang von Sontags Prosa, »wie eine verschwommene Übersetzung aus einer anderen Sprache«.

Der Verlag vermarktete den in seinem Herbstprogramm prominent platzierten Debütroman mit einem großen Schwarzweißfoto der Autorin auf der Rückseite des Buches. Auf dem Bild des Fotografen Harry Hess, auf dem Sontag eine Lederjacke trägt und kinnlanges volles dunkles Haar, sieht sie aus wie

Autorinnenfoto von Harry Hess auf der amerikanischen Erstausgabe von *Der Wohltäter*

ein Hollywoodstar aus den 1930er Jahren, von jenseitiger Schönheit, ungreifbar, geheimnisvoll. Sie strahlt eine glamouröse Ernsthaftigkeit aus, die Aufsehen erregen musste. Daniel Schreiber spricht in diesem Zusammenhang von der »Ikonisierung des Sontagschen Images, die in der weiteren Karriere der Autorin immer wieder eine Rolle spielen sollte«.

Der männlich dominierte Kreis der New Yorker Intellektuellen mit seinem einheitlichen Look – Krawatte, Anzug, kurze Haare –, der dem Denken wenig äußeren Glanz verlieh, fühlte sich nicht nur durch die sich schnell abzeichnende Neuheit von Sontags Gedanken und die Schärfe ihrer Thesen provoziert, sondern auch durch das vielfach kursierende Bild der Autorin als schöner Frau. Etwas war unheimlich an diesem denkenden Subjekt, das zugleich ein attraktives weibliches Objekt war. Das Unbehagen über Sontags Auftauchen konnte offen misogyne Züge annehmen, wie zum Beispiel bei Norman Podhoretz, dem langjährigen Chefredakteur des Magazins *Commentary*. Podhoretz gab Sontag den Beinamen »Dark Lady of American Letters«, eine Position, die die ältere Schriftstellerin Mary McCarthy in den 1930er und 1940er Jahren innegehabt habe. »Dark Lady« hat eine sexuelle Konnotation. Zudem wertet Podhoretz Sontag als Wiedergängerin McCarthys ab. Was der eigentliche Grund für diesen zeittypischen Chauvinismus war, gab Podhoretz im Gespräch mit der *New York Times* rückblickend zu: »Ich wurde als der brillante junge Kritiker angesehen, bis Susan Sontag kam und mich in den Schatten stellte, auch wegen ihres Aussehens.«

Trotz der ausgeklügelten Vermarktungsstrategie wurde *Der Wohltäter* kein Publikumserfolg. Roger Straus, der in Sontags radikalen kulturkritischen Positionen ihr Potential erkannte, große Bekanntheit zu erlangen, konnte sie schließlich überzeugen, als zweites Buch keinen Roman, sondern einen Essayband zu veröffentlichen. Er sollte Recht behalten: *Against Interpretation*, 1966 veröffentlicht, wurde im ersten Jahr gleich fünfmal so oft verkauft wie ihr Roman in den ersten vier Jahren nach seinem Erscheinen. Hier deutet sich bereits an, was ein Grundkonflikt in Sontags Schaffen bleiben sollte: Sie wollte eigentlich als Autorin von Romanen reüssieren und wahrgenommen werden. In späteren Jahren hat sie von ihren Essays immer wieder als von einer Art Ablenkung vom Eigentlichen, dem Schreiben von Fiktion, gesprochen.

Bis heute allerdings wird ihren Essays mehr Aufmerksamkeit zuteil als den schwer – und vielleicht nur im ästhetischen Kontext ihrer Zeit – verständlichen Romanen. Nur einer ihrer Romane, *Der Liebhaber des Vulkans*, der von einer Dreiecksbeziehung im Neapel des ausgehenden 18. Jahrhunderts erzählt,

»Susan Sontag, die treibende Kraft meiner Prosa, hat die Welt gegessen. 1963 schrieb sie über Sartres *Saint Genet* (ihre besten Ideen drehten sich gelegentlich um schwule Männer): ›Dem primitiven Ritus der Anthropophagie, der Menschenfresserei, entspricht der philosophische Ritus der Kosmophagie, des Weltverschlingens.‹ Kosmophagisch verschlang Sontag Sinneseindrücke, Gattungen, Konzepte. Sie verzehrte politische und ästhetische Bewegungen. Sie verleibte sich Rollen ein: Diplomatin, Filmemacherin, Plage, Romanautorin, Quälgeist, Essayistin, Nachteule, Bibliophile, Cineastin ... Sie versuchte zu beweisen, wie viel ein menschliches Leben – das Leben eines Schriftstellers – umfassen kann.«

(Wayne Koestenbaum, Dichter und Theaterautor)

wurde 1992 ein Bestseller. Das erschien so unwahrscheinlich, dass die Journalistin der *Washington Post* ihrem Artikel »Susan Sontag, Hot at last« folgende Liste voranstellte: »Fügen Sie dies der Liste von Phänomenen hinzu, von denen Sie dachten, dass Sie sie zu Lebzeiten nie erleben würden. Nixon ist wieder auferstanden. Deutschland wiedervereint. Ein Susan-Sontag-Roman auf der Bestsellerliste.«

Roger Straus (1917–2004) war zweifellos die Person, die Sontag ihr Leben als freie Autorin ermöglicht hat. Die *care-and-feeding*-Strategie, wie Straus es nannte, das »Umsorgen und Füttern« seiner Autorinnen und Autoren, unterschied sich zwar in ihrem Fall zunächst nicht von der Zuwendung gegenüber anderen Autorinnen. Bald aber entwickelte sich eine besondere Beziehung zwischen dem Verleger und seiner Lieblingsautorin, um die Sontag beneidet wurde. Ihr Verhältnis war von rückhaltloser Unterstützung, lebenslanger Freundschaft, gegenseitiger Loyalität, zeitweise auch von Erotik geprägt – und es wurde zum beliebten Gegenstand von Klatsch und Gerüchten. Straus war der einzige, der Sontag »Baby« nennen durfte. Er verkaufte die Übersetzungsrechte an ihrem Roman ins Ausland und baute sie systematisch als international gelesene Autorin auf. Geschickt brachte Straus ihre Texte nicht nur in den renommierten Intellektuellenmagazinen unter, sondern auch in den leichter zugänglichen, sogenannten *Middlebrow*-Zeitschriften wie *Vogue, Mademoiselle, Harper's, Life* oder *Time Magazine*, was für eine intellektuelle Autorin damals unüblich war. Allerdings war es durchaus lukrativ, und es trug zu ihrer Bekanntheit bei. Während ihrer langen Aufenthalte in Europa kümmerte sich der Verlag nicht nur um Sontags Post und ihre Wohnung, sondern bezahlte auch ihre Rechnungen. Sontag wiederum sollte bald zum unersetzlichen Scout von Farrar, Straus and Giroux werden und Straus auf zahlreiche, in den USA bis dahin unbekannte europäische Autoren wie Walter Benjamin, Roland Barthes oder Elias Canetti aufmerksam machen.

***

»Everything went young in '64«, schrieben Andy Warhol (1928–1987) und Pat Hackett über das Jahr, in dem zwei miteinander verwandte Phänomene der Postmoderne ihren großen Moment erlebten: Pop Art und Camp. 1964 bezog Warhol ein Loft in Manhattan, das er mit Alufolie auslegte und mit Silberfarbe besprühte. *The Factory* würde Popgeschichte schreiben. Darin umgab er sich mit seinen für mindestens 15 Minuten berühmten »Superstars«, Künstlern, Models, Freaks, sozialen Outsidern. Die *Factory* verstand er als Vakuum, das es ihm erlaubte, allein zu arbeiten, während er zugleich in Gesellschaft war. Zum Beispiel drehte Warhol dort seine *Screen Tests*, jene kurzen Porträtfilme über Persönlichkeiten, die für ihn den Glamour der 60er Jahre verkörperten.

Sontag kam 1964 in die *Factory*, um sich von Warhol filmen zu lassen. Er hatte gehört, dass sie nicht viel von seiner Malerei halte und an seiner Aufrichtigkeit zweifele. Das störte ihn jedoch nicht. Er mochte Sontags Look: »Sie sah gut aus – schulterlanges glattes dunkles Haar und große dunkle Augen – und sie trug sehr gut geschnittene Sachen.« Er beobachtete sie auf einer Party beim Tanzen: »Sie sprang wild herum. Damals tanzten alle im Frug- oder Jerk-Stil, hauptsächlich zu den *Beatles* und den *Supremes*. Aber das Lied, das alle immer wieder hören wollten, war ›I'm In with the In Crowd‹ – sie spielten es als jeden zweiten Song.« Vor allem aber bewunderte Warhol in Sontag die einflussreiche Autorin, »den schillernden Intellekt des Jahres«. Ihrem Besuch in der *Factory* ging die Veröffentlichung von »Notes on ›Camp‹« voraus, dem Essay, der bis heute am stärksten mit ihrem Namen verknüpft ist. Der Text machte Camp im Mainstream bekannt und seine Autorin im Herbst 1964 schlagartig berühmt.

Zunächst allerdings war es keinesfalls selbstverständlich, dass der Essay überhaupt erscheinen konnte. Noch vor seiner Veröffentlichung in der *Partisan Review* löste er Streit aus. William Phillips, Sontag-Befürworter, setzte sich für ihn ein, während der zweite Redakteur des Magazins, Philip Rahv, der mit Sontag ohnehin nichts anfangen konnte, gegen seine Veröffentlichung stimmte. Zweierlei sprach aus seiner Sicht dagegen: das tabuisierte Thema der Homosexualität und, schlimmer noch, die Tatsache, dass das Phänomen mit der Unterhaltungskultur zusammenhing. Die habe in einem *Highbrow*-Magazin wie der *Partisan Review*, das sich mit Hochkultur beschäftigte, nichts zu suchen. Phillips setzte sich schließlich durch.

Um zu verstehen, wie revolutionär Sontags Camp-Essay war, ist es hilfreich, den Blick für einen Moment vom Amerika des 21. Jahrhunderts, das mit der Popkultur verwachsen scheint, abzuwenden. Bis in die 1960er Jahre hinein waren Hoch- und Unterhaltungskultur auch in den USA genauestens getrennt, eine Trennung, auf der das Selbstverständnis der Intellektuellen beruhte. Deren Auffassung von Kultur hatte der englische Kritiker Matthew Arnold (1822–1888) geprägt, mit dem sich Sontag in ihrem Essay »Die Einheit der Kultur und die neue Erlebnisweise« (1965) auseinandersetzt. Auf Arnold wird die Unterscheidung zwischen *high* und *low*, einer ›hohen‹, anspruchsvollen und einer ›niederen‹, populären Kultur zurückgeführt, wobei dieser den Begriff Populärkultur nicht verwendet. Vielmehr spricht er einerseits von Kultur, die er als hohe Kultur, »das Beste, was in der Welt gedacht und gesagt worden ist«, definiert, und andererseits von der Anarchie der Massen, bei ihm das Äquivalent von Unterhaltungskultur (Arnold, *Culture and Anarchy*, 1869). Arnolds Kulturbegriff ist elitär und konservativ. Kultur, gleichbedeutend mit »Perfektion«, heißt für ihn, die besten Werke zu bewahren und sie zur Vervollkommnung der gesamten Menschheit einzusetzen, was die Überwindung der Klassentrennung miteinschließe.

Dieses Verständnis von Kultur war noch wirkmächtig, als Sontag die intellektuelle Bühne New Yorks betrat. Die *high seriousness* (ein anderer Begriff von Arnold) wurde von den geistigen Eliten gegen die vermeintlich von der Mittelschicht drohende Vulgarisierung des Geschmacks leidenschaftlich verteidigt. Seit Ende der 1940er Jahre waren neben *high* und *low* die Begriffe *highbrow*, *middlebrow* und *lowbrow* getreten, die

Vorlieben des Geschmacks mit der Zugehörigkeit zur Klasse (intellektuelle Elite, Mittelschicht oder Arbeiterklasse) verbanden. Angesichts der strikten Trennung zwischen diesen kulturellen und sozialen Sphären schien es unvorstellbar, dass sich eine Akademikerin einen Westernfilm ansehen oder eine Arbeiterin ins Ballett gehen würde. Dieses rigide System wirbelte Sontag mit ihrem Camp-Essay durcheinander.

Schon in zwei früheren Texten hat Sontag das Phänomen »Camp« (von französisch *se camper*: ›übertrieben posieren‹) erwähnt. In ihrem Text über »Happenings: Die Kunst des radikalen Nebeneinanders« (1962) fällt der Begriff im Zusammenhang mit der Vorliebe der französischen Surrealisten für Flohmärkte. Sontag zitiert Simone de Beauvoir: »So hatten die Surrealisten zum Beispiel den Flohmarkt in Mode gebracht, wo ich oft mit Sartre und Olga meine Sonntagnachmittage verbrachte.« Sontag hebt diesen Satz als »besonders interessant« hervor, »da er in Erinnerung ruft, wie das surrealistische Prinzip eine bestimmte Art witziger Vorliebe für die heruntergekommenen, faden, altmodischen Gegenstände der modernen Zivilisation evoziert hat, den Gefallen an einer gewissen Art von leidenschaftlicher Un-Kunst, die man ›camp‹ nennt.« Camp-Geschmack hat etwas mit Flohmarktästhetik zu tun, mit aus der Mode gekommenen Objekten und Trash (»Un-Kunst«), einem von Witz und Leidenschaft gekennzeichneten Umgang mit diesen Gegenständen. In ihrem Essay »Jack Smith's *Flaming Creatures*« (1964) knüpft Sontag an diese Gedanken an und beschreibt »Camp« als Haltung, die ein Genießen der Massenkultur erlaubt.

Sontag hat »Notes on ›Camp‹« größtenteils in Paris geschrieben, im Sommer des Jahres 1964, als sie vom mit allerlei Kitsch dekorierten Zimmer ihres schwulen Freundes, des US-amerikanischen Filmkritikers Elliott Stein, fasziniert war. Ihr

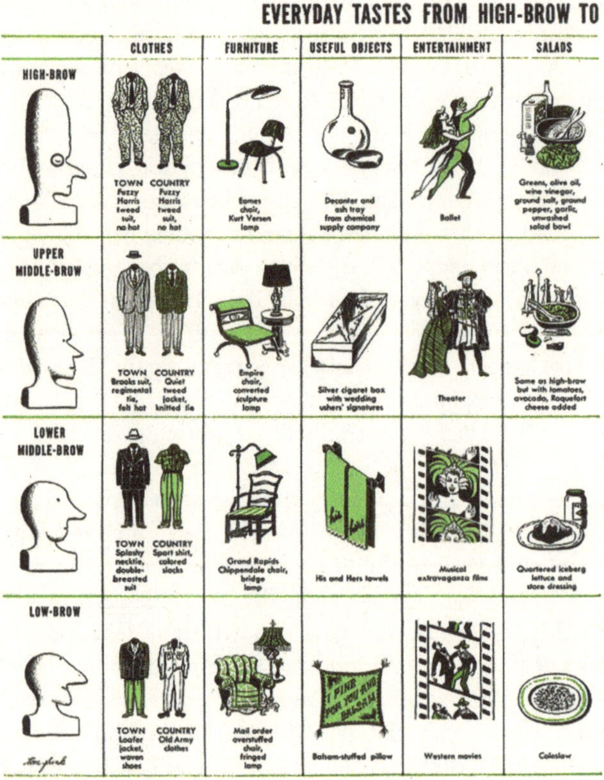

Interesse daran, wie ihre schwulen Freunde die Camp-Ästhetik auslegten, reichte aber weit länger zurück. Jahrelang hat sie ihre »Hausaufgaben« gemacht, wie man ihre teilnehmende Beobachtung in den schwulen Subkulturen an der Ost- und

Im Magazin *Life* (1949) wird erklärt, welche kulturellen Vorlieben *highbrow*, *middlebrow* und *lowbrow* zuzuordnen sind.

Westküste der Vereinigten Staaten sowie in Paris halb-ernst, halb-ironisch genannt hat. Die vielfältigen Erscheinungsweisen von Camp, die Sontag dabei registriert hat, sind in den detailgesättigten Text eingeflossen.

Man kann nicht genug über dieses publizistische Ereignis staunen: Im New York des Jahres 1964 war es möglich, dass »ein kulturkritischer Aufsatz eine 31-jährige Frau in den Status eines intellektuellen Stars katapultierte«, wie Daniel Schreiber formuliert hat. Einerseits. Andererseits aber gibt dieser Essay selbst ebenso viel Anlass zum Staunen. Seine Lektüre ist immer noch ein Erlebnis. Wenn man einem Text Starqualitäten zusprechen wollte, dann diesem. Ihr Essay über Camp ist wie Camp selbst, so lautet eine von Sontags Definitionen des Phänomens, »der Versuch, etwas Außergewöhnliches zu tun«.

Sontag erkennt als erste, dass Camp – ein Geheimkode schwuler Subkulturen in London, Paris oder New York, der bislang nur für Eingeweihte verständlich war – einer essayistischen Analyse würdig ist. Sie beschreibt das Phänomen als »Erlebnisweise« (*sensibility*), die nicht natürlich ist, sondern aus der »Liebe zum Unnatürlichen: zum Trick und zur Übertreibung« besteht. Eine Erlebnisweise ist ihr zufolge »lebendig« und »flüchtig« und kann aus diesem Grund nur »tastend und beweglich« eingefangen werden. Sontag greift daher auf »die Form kurzer Anmerkungen«, insgesamt 58, zurück. Was herauskommt, ist ein Essay in Listenform, der in kurzen Aphorismen unterschiedliche Facetten von Camp beleuchtet. Die Anhäufung immer neuer Differenzierungen des Camp-Geschmacks, aus dem Mund einer offensichtlich intimen Kennerin, die nicht »tastend«, sondern mit absoluter Souveränität spricht, produziert einen Exzess an Thesen, Definitionen und Beispielen. Ein Text so extravagant wie das Phänomen, das er beschreibt.

Sontags Haltung zu ihrem Gegenstand ist ambivalent: »Camp zieht mich stark an und stößt mich fast ebenso stark ab.« Sontag stand der Camp-Szene nahe, war aber kein Teil von ihr. Vielmehr inszeniert sie sich als Sozialpädagogin des Camp, die zwischen der Ingroup und dem Mainstream vermittelt. Die Form der Anmerkungen, die sich dem Thema auf ernsthaft-distanzierte Weise nähern, steht im Widerspruch zur Verspieltheit von Camp. Sontag bringt ihr analytisches Werkzeug zum Einsatz, um Distanz zu ihrem Gegenstand herzustellen. Die distanzierte Sprechweise erlaubt es ihr, den Camp-Geschmack umso nachdrücklicher zu befürworten und das Thema der Homosexualität anzusprechen, das sie persönlich betrifft. Ein Weg, über ein privates Interesse zu schreiben und es zugleich zu kaschieren.

Sontags Anmerkungen sind dem Schriftsteller und homosexuellen Dandy Oscar Wilde (1854–1900) gewidmet. Wilde verkörpert das Dandytum des 19. Jahrhunderts, das sich von der entstehenden Massenkultur absetzt. Er und die Camp-Liebhaber der 1960er Jahre haben gemeinsam, dass sie die Welt als ein ästhetisches Phänomen betrachten – eine Haltung, die den Stil betont und den Inhalt vernachlässigt. »Camp ist der moderne Dandyismus. Camp ist die Antwort auf das Problem: Wie kann man im Zeitalter der Massenkultur Dandy sein?« Den Unterschied zwischen Dandy und Camp-Experte bringt Sontag so auf den Punkt: »Der Dandy hielt sich ein parfümiertes Taschentuch unter die Nase und neigte zur Ohnmacht. Der Kenner des Camps saugt den Gestank ein und rühmt sich seiner starken Nerven.« Während der stets gelangweilte Dandy vom Ordinären abgestoßen ist, setzt sich der stets amüsierte Camp-Anhänger ihm gerne aus und erfreut sich daran. Wer Camp versteht, verfügt über ein ironisch-spielerisches Talent, das Vulgäre zu genießen, und damit über eine Strategie, als Ästhet in der Massenkultur zu überleben, an den Maßstäben der Hochkultur festzuhalten und sie zugleich zu unterminieren.

Die Widmung an Wilde verknüpft Camp darüber hinaus

mit Homosexualität. Die Homosexuellen erscheinen in Sontags Text als diejenigen, die einen besonderen Zugang zu ästhetischen Fragen haben (was auf die urbane schwule Avantgarde heute ebenfalls zutrifft). Sie seien »Aristokraten des Geschmacks«, eine in ihrer homophoben Zeit ungeheuer provozierende These.

Von Wilde entlehnt Sontag auch ein zentrales Prinzip der Camp-Erlebnisweise: die »Gleichwertigkeit aller Objekte«. Wilde zufolge konnte ein Türgriff »ebenso bewundernswert sein wie ein Gemälde«. Dieser »demokratische Geist des Camp«, in dem die Unterschiede zwischen *high* und *low* verschwimmen, kam für konservative Leser einem Sakrileg gleich: Es war ein Angriff auf die Hochkultur.

Das wichtigste Argument ihres Essays schlägt in eine ähnliche Kerbe: Sontag durchmisst das gesamte Feld der ästhetischen Erfahrung und unterscheidet »drei große schöpferische Erlebnisweisen«. Die erste ist die klassisch-ernsthafte Erlebnisweise der Hochkultur, bei der es um die Würde und Bedeutung eines Kunstwerks geht. Die zweite Erlebnisweise bezieht sich auf die zeitgenössische Avantgarde und ihre Themen der Extreme: Qual, Grausamkeit, Wahnsinn, die die Erfahrung des Menschseins erweitern. Die dritte Erlebnisweise ist Camp: »die Erlebnisweise der gescheiterten Ernsthaftigkeit, der Theatralisierung der Erfahrung«. Sontag formuliert bewusst herausfordernd: »Die Camp-Erfahrungen basieren auf der großen Entdeckung, daß die Erlebnisweise der hohen Kultur keinen Alleinanspruch auf Kultur hat.« Camp erlaube es vielmehr, den »guten Geschmack des schlechten Geschmacks« zu entdecken, was »außerordentlich befreiend« sei.

Man kann sich das Entsetzen und die verfinsterten Mienen der New Yorker Intellektuellen gut vorstellen, als sie in ihrem

»Ich weiß nicht, ob Susan Sontags späte Romane, die sie selber so sehr liebte, noch weiter gelesen werden; aber ich bin sicher, dass der Enthusiasmus und die Klugheit mancher ihrer Essays auch zukünftigen Lesern auffallen wird. Und die deutschen Leser sollten immer im Kopf behalten, was Susan für die deutsche Literatur in den USA getan hat: für Robert Walser und Canetti bis W. G. Sebald war sie die Türöffnerin. Leider ist von ihrem gelegentlichen Lachen, ihrer plötzlichen Unbeschwertheit und ihrer aufflammenden Kindlichkeit so wenig aufbewahrt worden; nichts war schöner und lustiger, als mit ihr im Kino zu sitzen; oder mit ihr in ihrer riesigen Wohnung in New York auf einem der Sofas zu fläzen und über die Eitelkeit der anderen zu lästern.« (Michael Krüger, Verleger und Autor)

Hausorgan, der ehrwürdigen *Partisan Review*, diesen Aufruf zum Genuss der Populärkultur lasen. Umso mehr, als ihre junge Kollegin ihnen auch die eigene Beschränktheit vorwarf: »Der Mensch, der auf hohen und ernsten Vergnügungen besteht, schränkt seine Möglichkeiten zu genießen immer mehr ein; in der ständigen Ausübung seines guten Geschmacks wird er sich, weil er damit gleichsam den Preis immer höher schraubt, eines Tages selbst vom Markt vertreiben.« Dem Kritiker, der die Hochkultur liebt, wird an dieser Stelle nicht nur das eigene Verschwinden prophezeit. Am Ende des Textes angekommen, der ihm womöglich auf den Magen geschlagen ist, versetzt Sontag ihm noch diesen Hieb: »Camp ist gut für die Verdauung.«

»Notes on ›Camp‹« erscheint vor dem Hintergrund von Sontags Tagebüchern wie die Einlösung eines Versprechens. Die Listen in den Tagebüchern, die den selbstverordneten Bildungskanon festhalten, haben ihr Gegenstück im »Kanon des Camp«, den Sontag in ihrem Essay erstellt. Dazu gehören Romane, Filme, Theaterstücke, Opern, Musik, Kunst, Kleider, Möbel, Schlager, Orte und Gebäude. Auch menschliche Typen, zum Beispiel der Androgyne, können »›campy‹« sein. (En passant entwirft Sontag eine Definition der Schönheit im Sinne des Camp-Geschmacks: »Das Schönste am männlichen Mann ist etwas Weibliches, das Schönste an einer weiblichen Frau ist etwas Männliches ...«) Der Camp-Kanon liest sich wie eine unvollständige Summa von Sontags bislang gemachten ästhetischen Erfahrungen, zumal Sontag, um herauszuarbeiten, was Camp ist, zahlreiche Beispiele aus der Hochkultur anführt, die nicht Camp sind. Eine kleine Auswahl:

Camp	Nicht-Camp
Jean Cocteau	André Gide
King Kong und die weiße Frau	*Über den Dächern von Nizza*
Bellinis Opern	Wagners Opern
Aubrey Beardsley-Zeichnungen	die aalglatten Phantasien Dalís
Greta Garbo	Jesus
das Auftreten de Gaulles in der Öffentlichkeit	Napoleon
die Rokoko-Kirchen in München	das Tishman Building in New York City

Es ist leicht nachvollziehbar, warum Sontag nach der Veröffentlichung ihres Textes der Ruf vorauseilte, sowohl über ein fast seherisches (manchmal auch nervtötendes) Gespür für den Zeitgeist als auch ein scheinbar grenzenloses Wissen über die Hoch- sowie die Unterhaltungskultur und die Geschichte sämtlicher Künste zu verfügen. Ihrem Imperativ, sich für alles zu interessieren, kommt sie darin durch die Form der Auflistung von zumeist nicht näher ausgeführten Beispielen besonders nahe. Es ist erstaunlich, mit wie vielen Referenzen, vor allem Namen und Titeln, der nur etwa 20-seitige Text gespickt ist. Dahinter verbergen sich Jahre, in denen Sontag las, studierte, nachdachte, Kunst betrachtete, Musik hörte und mehrfach am Tag ins Kino ging.

Zum durchschlagenden Erfolg von »Notes on ›Camp‹« hat wesentlich beigetragen, dass eine vereinfachte und gekürzte Version des Essays im *Time Magazine* erschien. Camp und Susan Sontag verschmolzen in der Wahrnehmung einer breiten Öffentlichkeit. Die Frage: »In oder out?« wurde im Stadtgespräch von New York zeitweise von der Frage »Camp oder nicht?« verdrängt.

Sontag störte sich bereits wenige Jahre nach Erscheinen ihres Essays an dem Hype, den er ausgelöst hatte. In-Sein war nicht mehr stylish, sondern zu einem Problem geworden, wie die *New York Times* 1966 über Sontags veränderte Attitüde schrieb. »Ich denke, Camp sollte in den Ruhestand gehen«, ließ Sontag in einem Interview dieses Jahres verlauten.

Die Betonung des Stils und die Vernachlässigung des Inhalts, die Sontag als Kennzeichen von Camp beschrieben hat, verschmolzen in der Wahrnehmung ihrer Gegner zu Eigenschaften ihres eigenen Schreibens. So etwa bei dem US-amerikanischen Literaturwissenschaftler Harold Bloom, der vor allem für seine psychoanalytische Theorie der Einflussangst bekannt ist. 1971 kritzelte er an den Rand eines Entwurfs der Dissertation seiner Studentin Camilla Paglia, heute eine bekannte Kulturwissenschaftlerin in den USA: »Mere Sontagisme!« – »Bloßer Sontagismus!« Sontag war in den Augen

Blooms zum »Synonym für eine seichte Art von hippem Getue« geworden, wie Paglia in ihrem Essay »Sontag, Bloody Sontag« schreibt.

In späteren Jahren konnte Sontag regelrecht wütend werden, wenn sie auf ihren Essay angesprochen wurde, erinnert sich Terry Castle, Englischprofessorin in Stanford. 1995 wurde Sontag nach Stanford eingeladen. Auf dem Empfang der Universität lobte einer der älteren männlichen Gäste den außergewöhnlichen Einfluss, den ihr Camp-Essay gehabt habe, und wie sehr er ihn immer noch bewundere. Daraufhin verfinsterte sich Sontags Miene: Wie könne er nur so etwas Dummes sagen? Sie habe kein Interesse an einer Diskussion über diesen Aufsatz und werde es auch nie wieder haben. Er hätte ihn niemals erwähnen sollen. Er, also der Gesprächspartner, sei unzeitgemäß, intellektuell tot. Habe er denn nie eines ihrer anderen Werke gelesen? Sei er nicht auf dem Laufenden? Der ältere Herr war, wie Castle bemerkt, eine bedeutende Person, nämlich der Erfinder der Antibabypille, und es war durchaus nicht üblich, dass ihm über den Mund gefahren wurde.

Sontags Camp-Thesen haben auch gegen ihren Willen ein beeindruckendes Nachleben entfaltet: 2019 inspirierte »Notes on ›Camp‹« die jährliche Ausstellung des Kostüminstituts des Metropolitan Museum in New York ebenso wie das Thema der berühmten Met Gala, mit der diese Ausstellung (sie trug den Titel *Camp: Notes on Fashion*) traditionell eröffnet wird. Die Gala gilt als das prestigeträchtigste Modeereignis der Welt, zu dem viele Berühmtheiten aus Film- und Popbusiness auflaufen, die Outfits werden zum Thema der Gala passend ausgewählt. Auch wenn Sontag »Amerikas letzter großer Literaturstar« war, wie Benjamin Moser sie bezeichnet hat, ist keinesfalls klar, dass die Generation der nicht akademisch sozialisierten Millennials in den USA heute weiß, wer Sontag war und was Camp ist. Sehr wahrscheinlich mussten jüngere Celebrities wie Kim Kardashian bei der Frage, was sie anziehen sollen, erst einmal »Sontag« und »Camp« googeln.

Lady Gaga hingegen, die für ihre ausgefallenen Looks, ihren *campy chic*, berühmt ist, erhielt für ihren Auftritt viel Lob: Sie spielte einen Mann, der eine Frau spielt. Eine Dragqueen, die sich immer weiter auszieht: vom pinken Kleid mit riesiger Schleppe und Schleife auf dem Kopf zum schwarzen schulterfreien Abendkleid mit Regenschirm zum pinken schulterfreien Kleid mit überdimensioniertem Spielzeughandy, das sich als Kosmetiktasche entpuppt, zur glitzernden schwarzen Unterwäsche. Dazu übertriebene Bewegungen, ausgestellte Künstlichkeit, Exaltiertheit mit Witz. Sie habe Camp verstanden, freuten sich die Stilkritiker. Anders Kim Kardashian: Sie stellte in einem Korsettkleid im Wetlook mit Perlentropfen, designt von Thierry Mugler, einmal mehr ihren Po und ihre Brüste aus, zeigte also ein sensationelles Kleid an einem sensationellen Körper, allerdings fehlte das Entscheidende: das Spiel, die Ironie. Thema verfehlt, urteilte die Modekritik. Dass sich weltberühmte Stars noch 55 Jahre nach Erscheinen eines Essays an der gelungenen Umsetzung seiner Thesen messen lassen müssen, ist eine spektakuläre Leistung Sontags, der posthumen Camp Diva.

***

Camp, der in den Mainstream eingewanderte Glamour der Homosexuellen, feiert den Stil, die Form, die Oberfläche. An diese Feier der äußeren Erscheinung knüpft Sontag in »Against Interpretation« (›Gegen Interpretation‹) an, einem Essay, der im Winter 1965 in der *Evergreen Review*, einer bedeutenden Literaturzeitschrift, erschien und dessen provozierender Titel Sontags erster Essaysammlung den Namen gab (dt. *Kunst und Antikunst*, 1980). »Against Interpretation« wurde ähnlich wie Camp zu einem Schlüsselbegriff der ästhetischen Debatten um Literatur, Kunst und Film in der zweiten Hälfte der 1960er Jahre.

Der Essay, heute Teil des Kanons literaturtheoretischer Texte, spricht sich gegen die zeitgenössisch vorherrschende Strömung von Kunstkritik aus, die das künstlerische Werk mit seinem Inhalt gleichsetzt. Gegen eine Rezeption, die Phänomene auf eine »wahre Bedeutung« reduziert, welche die Kritikerin mittels einer komplizierten Übersetzungsarbeit aufzudecken versucht. »Der Interpret sagt: Schaut her, seht ihr nicht, daß X in Wirklichkeit A ist – oder bedeutet? Daß Y in Wirklichkeit B ist? Daß Z in Wirklichkeit C ist?« Das Ausgraben von Bedeutung ist, Sontag zufolge, ein gewaltsamer Akt, es ersetzt das eigentliche Phänomen durch ein Äquivalent. »Interpretation«, so schreibt Sontag mit gewohnter Lust an der Provokation und nicht frei von Selbstwiderspruch, »ist die Rache des Intellekts an der Kunst. Mehr noch. Sie ist die Rache des Intellekts an der Welt. Interpretieren heißt die Welt arm und leer machen – um eine Schattenwelt der ›Bedeutungen‹ zu errichten.« Die Starintellektuelle warnt vor zu viel Intellektualität, vor dem Verlust von Sinnlichkeit.

Diese Warnung bettet Sontag in ein größeres kulturkritisches Argument ein: Das Übermaß an sensorischen Reizen, dem der Mensch in der Großstadt seit der Industrialisierung ausgesetzt sei, stumpfe seine Sinne ab. Die Gesellschaft der spätkapitalistischen Moderne leide an Betäubung. Auf diesen Zustand soll die Kunstkritik reagieren. Ihr kommt laut Sontag die Aufgabe zu, das Individuum aus der Überreizung zu befreien und ihm die unmittelbare Erfahrung eines Kunstwerks

»Sontag hat erfunden, wie es ist, eine moderne Schriftstellerin und Intellektuelle zu sein, und wir alle, die heute schreiben, profitieren von ihr.« (Daniel Schreiber, Sontag-Biograf und Essayist)

zu ermöglichen. »Heute geht es darum, daß wir unsere Sinne wiedererlangen. Wir müssen lernen, mehr zu sehen, mehr zu hören und mehr zu fühlen.« Die Kunstkritik bekommt eine pädagogische Mission: Sie soll die Sinne der Betrachterin schärfen und »den Inhalt zurückschneiden, damit die Sache selbst zum Vorschein kommt«.

Ein konkreter Weg dahin führt für Sontag – ein Gedanke, der bereits aus dem Camp-Essay bekannt ist und ihr Denken in den 1960er Jahren darüber hinaus prägt – über ein gesteigertes Interesse an der Form: »Was wir brauchen, ist ein Vokabular – ein *be*schreibendes Vokabular und kein *vor*schreibendes Vokabular – zur Erfassung der Formen.« Diese Forderung mündet schließlich in den berühmten letzten Satz ihres Manifests: »Statt einer Hermeneutik brauchen wir eine Erotik der Kunst.« Was genau darunter zu verstehen ist, bleibt vage.

Die radikale Forderung, die Sontag formuliert, entstand nicht im luftleeren Raum. Vielmehr wird sie verständlicher, zeichnet man die vielfältigen Einflusslinien nach, die in sie eingegangen sind. Sie machen dabei zugleich deutlich, wie singulär Sontags Position war. Die Essayistin lässt sich keiner Schule oder Denkrichtung zuordnen, sondern steht zwischen Akademie und hipper Kunstszene, zwischen Theorie und Kritik.

Zunächst einmal scheint Sontags Erotik der Kunst vom Zeitgeist der Sixties inspiriert. In den Worten des New Yorker

Kritikers Craig Seligman: »Sex lag in der Luft (zusammen mit Drogen und Rock'n'Roll), und die Intellektuellen wollten unbedingt eine Einladung zur Party. Sontag lieferte sie.«

Darüber hinaus hat sich Sontag intensiv mit dem französischen Strukturalismus beschäftigt, was ihren Blick für die Bedeutung der Form, die Analyse der Strukturen von Texten und Artefakten, geschärft haben mag. Ein Essay über den Anthropologen Claude Lévi-Strauss findet sich im Band *Against Interpretation*. Besonders prägend waren für Sontag die Schriften des französischen Literaturtheoretikers Roland Barthes (1915–1980), der die strukturalistische Zeichentheorie in seinem 1957 erschienenen Buch *Mythologien des Alltags* erstmals auf die Massenkultur angewendet hat und damit vermutlich auch ein Vorbild für ihre ernsthafte Hinwendung zu Objekten der Populärkultur gewesen ist.

Außerdem kann man den Essay »Against Interpretation« als polemische Geste gegen ihren Exmann Philip Rieff lesen, als neuerlichen Schlussstrich, den Sontag in Essayform unter ihr früheres bürgerliches und akademisches Leben zieht. Die letzten Jahre mit ihrem Ehemann waren Sigmund Freud (1856–1939), genauer: der gemeinsamen Arbeit an Rieffs erfolgreichstem Buch *Freud. The Mind of the Moralist* gewidmet. Freud und die Verfechter der psychoanalytischen Deutung erscheinen (neben Karl Marx und den Anhängern seiner Theorie) als Sontags Hauptgegner in »Against Interpretation«. Über Freuds Methode der Deutung heißt es darin im Sinne des oben ausgeführten Arguments, Interpretieren sei Übersetzen von X in A: »Alle wahrnehmbaren Phänomene werden, wie Freud sagt, als manifester Inhalt klassifiziert. Dieser manifeste Inhalt muss untersucht und beiseite geräumt werden, damit die wahre Bedeutung – der latente Inhalt – darunter sichtbar wird.« Der Gedanke, dass Deutung bei Freud die Herstellung eines neu zu formulierenden Inhalts meine, findet sich, größtenteils ohne kritische Untertöne, bereits in Rieffs Monografie. Diese beschäftigt sich, besonders in dem Kapitel »Die Taktiken der Interpretation«, ausführlich mit Freuds einflussreichem Werk *Die Traumdeutung*.

Ohne die sensationsheischende Enthüllungsthese von Benjamin Moser zu teilen, Sontag sei die alleinige Autorin von *The Mind of the Moralist*, sei auf Folgendes hingewiesen: Am Ende der Studie, die Freud und seine Lehre historisch situiert, gibt es in der Tat eine Stelle, in der sich das Argument von »Against Interpretation« abzeichnet. Es handelt sich um eine kritische Bemerkung über Freuds Verfahren der Traumdeutung, das sich nur auf den Inhalt des Traums konzentriere und dessen Form vernachlässige. Diese Stelle könnte von Sontag stammen. In »Against Interpretation« jedenfalls tritt das dort skizzierte Argument aus dem Schatten der ehelichen Freud-Exegese hinaus und gewinnt Leuchtkraft.

Schließlich wurde Sontags antihermeneutisches Manifest vom künstlerischen Umfeld beeinflusst, in dem sie sich bewegte. Andy Warhol etwa verweigerte sich der Interpretation, der seiner Person wie auch der seines Werkes. Für ihn gab es nur Oberfläche, wie er in einem berühmten Zitat erklärt hat: »Wenn Sie alles über Andy Warhol wissen wollen, brauchen Sie nur auf die Oberfläche meiner Bilder und Filme und meine eigene zu schauen, und da bin ich. Dahinter gibt es nichts.«

Viel näher als Warhol, mit dem Sontag bloß bekannt war, stand sie einem seiner Freunde, dem Maler und Objektkünstler Paul Thek (1933–1988), der ähnlich wie ihre Freundin Fornés nicht akademisch gebildet und trotzdem brillant war. Er wird darüber hinaus als außergewöhnlich attraktiv und charismatisch, als schwul und verrückt beschrieben. Thek wurde zu einem von Sontags engsten Freunden. Er soll immer, wenn ihm eine Diskussion über Kunst zu verkopft oder langweilig vorkam – und Sontags Vorträge müssen oft genauso gewesen sein – entnervt ausgerufen haben: »I am against interpretation!« Ein Glück für Sontag – Thek inspirierte sie zum Titel ihres Essays, und Sontag widmete ihm später ihren Essayband.

Der dritte Künstler, der Sontags Essay mit angeregt haben mag, war Jasper Johns, dessen Malerei ebenfalls ausdrücklich auf eine zu entschlüsselnde tiefere Bedeutung verzichtete. Sontag begann 1965 eine kurze romantische Beziehung mit dem eigentlich schwulen Johns, der ihr bei der Trennung seine geräumige lichtdurchflutete Wohnung am Riverside Drive überließ. Die Skizzen seiner Gemälde an den Wänden ließ sie allerdings übermalen.

Den Tabubruch, den Sontag mit »Notes on ›Camp‹« begonnen hat, schreibt sie in »Against Interpretation« fort. Auch darin führt sie vor, was es heißt, Phänomene der Populärkultur ernst zu nehmen und der Hochkultur als gleichwertig gegenüberzustellen. Diesmal ist es der Film, offiziell immer noch ein Teil der Massenkultur, den sie sogar *über* hochkulturelle Werke setzt. Sie beschreibt ihn als »gegenwärtig die lebendigste, erregendste und bedeutendste aller Kunstgattungen«. Grund dafür sei, dass der Film sich erfolgreich der Interpretation entziehe. Die Direktheit, für Sontag ein Zeichen guter Filme, lasse die Gier der Interpretinnen ins Leere laufen. Diese Direktheit nimmt Sontag zum Beispiel in Filmen Ingmar Bergmans wahr: »In *Licht im Winter* und *Das Schweigen* überwindet die Schönheit und die visuelle Differenziertheit der Bilder vor unseren Augen die öde Pseudointellektualität der Story und einiger Dialoge.« Filmbilder seien unmittelbar sinnliche Erfahrungen, die auf die Betrachterin wirken, ohne interpretiert werden zu müssen. Diesen »antisymbolischen Zug« erkennt Sontag auch in den Filmen der Nouvelle Vague-Regisseure Jean-Luc Godard und François Truffaut. Der Film verweigere sich erfolgreich der Interpretation, weil er als nichtsprachliches Medium auf technischen Verfahren basiere, die die Kritikerin erst einmal in Sprache übersetzen müsse: Kameraführung, Lichtregie, Rahmenkomposition – alles Elemente, die die Aufmerksamkeit vom Inhalt abziehen und auf die Beschreibung der Form lenken.

Wie eine Kritik aussehen kann, die sich dem Film über die Form nähert, führt Sontag in *Against Interpretation* anhand der Science-Fiction-Filme der 1950er und 1960er Jahre vor. Ihr Essay »Die Katastrophenphantasie«, der bis heute als einer der besten Texte über Populärkultur gilt, liefert eine detaillierte Strukturanalyse des Genres, die allerdings nicht ohne Interpretation auskommt. Wenn Sontag über die Kriegslust und die Sehnsucht nach Frieden, über die Rolle von Naturwissenschaft und Katastrophe in den Science-Fiction-Szenarien nachdenkt, dann orientiert sie sich an deren Inhalt und fragt nach deren Bedeutung für die Gegenwart, in der sie lebt. Diese Lust am Widersprüchlichen ist ein Grundzug von Sontags essayistischem Denken.

Die Bedeutung der sinnlichen Erfahrung im Umgang mit Kunst führt Sontag in dem bereits erwähnten Essay »Die Einheit der Kultur und die neue Erlebnisweise« weiter aus. Er erschien in einer gekürzten Version zunächst in der *Mademoiselle* (dass eine Frauenzeitschrift einen derart komplexen Text druckte, ist beachtlich) und gehört zum Kanon dessen, was heute »Popkritik« genannt wird.

»Die neue Erlebnisweise« vereint die brisanten Punkte aus »Notes on ›Camp‹« und »Against Interpretation« in sich. Demnach richtet sich Kunst nicht an den Intellekt, sondern die Sinne und Gefühle, und sie behandelt Phänomene unabhängig von ihrer Herkunft aus der Hoch- oder Populärkultur: »Wenn die Kunst als eine Form der Schulung unserer Gefühle und der Programmierung unserer Sinneswahrnehmung verstanden wird, dann könnte das Gefühl, das von einem Bild Rauschenbergs evoziert wird, von der gleichen Art sein wie jenes, das ein Lied der ›Supremes‹ erweckt.«

Die *New Sensibility*, die Sontag proklamiert, setzt sich klar vom hierarchisierenden Kulturbegriff Matthew Arnolds ab, auf den, wie gesagt, die Trennung von *high* und *low* zurückgeht. Die neue Erlebnisweise ist pluralistisch und hält eine Vielzahl an sinnlichen Erfahrungen bereit, die Vergnügen bereiten können. Eine Auffassung von Kultur, die die alten Hierarchien außer Kraft gesetzt und »neue Normen der Schönheit, des Stils und des Geschmacks« ausgebildet hat. Nicht weniger als eine Kulturrevolution hat Sontag hier formuliert. Damit machte sie sich Feinde innerhalb des New Yorker Establishments, sie besiegelte aber auch ihren Ruhm. Ihr Essayband wurde schon bei Erscheinen als epochal, als kulturelle Chronik der 1960er Jahre wahrgenommen.

Trotzdem ist aus Sontag keine Popkritikerin geworden. Die genannten Texte bleiben die Ausnahme in einem essayistischen Schaffen, das sich, wie es Arnold gefordert hat, der Ernsthaftigkeit und dem »Besten« verpflichtete, das die Kultur zu bieten hat. (Auch in *Against Interpretation* beschäftigt sich die Mehrzahl der Essays nicht mit Populärkultur.) Wie Sontag in ihrem Text »Dreißig Jahre später …« (1996), einem Rückblick auf *Against Interpretation*, geschrieben hat: »Wenn ich zwischen den Doors und Dostojewski wählen müsste, dann würde ich – selbstverständlich – Dostojewski wählen.«

In ihrem Tagebuch notiert sie im November 1965: »Die meiste Freude habe ich in den letzten zwei Jahren aus der Popmusik bezogen (den Beatles, Dionne Warwick, den Supremes)«. Über diese Freuden aber hat sie – zum Bedauern mancher Liebhaberinnen und Liebhaber des Pop – keine Essays verfasst.

Die folgende Pointe entbehrt nicht einer gewissen Ironie: Sontag kehrte im Schreiben und Veröffentlichen der Essays, die in *Against Interpretation* versammelt sind, der Universität endgültig den Rücken. Mit ihrer Rede gegen die Interpretation sprach sie sich gegen das Kerngeschäft der akademischen Disziplinen aus, die ihr Denken geprägt hatten und von denen sie sich als freie Essayistin lossagte. Zugleich machten ihre ernsthafte Behandlung von Phänomenen der Popkultur und die Überwindung der Trennung zwischen den Disziplinen (Literatur, Kunst, Theater, Film, Philosophie, Anthropologie) sie zu einer Art inoffiziellen Begründerin der Cultural Studies an den US-amerikanischen Universitäten.

Ihre Volte gegen die Interpretation hat sich dabei allerdings nicht durchgesetzt. Einen Gegenstand zu betrachten heißt bis heute immer auch, ihn zu interpretieren, was Sontag im Rückblick durchaus anerkannt hat. In ihrem Essay »Aids und seine Metaphern« (1989) schreibt sie: »Wie ja jedes Denken auch Interpretation ist, was nicht heißt, dass es nicht manchmal richtig ist, ›gegen Interpretation‹ zu sein.« Sontag hat mit ihrem Essayband auf lange Sicht weniger zu einem Feldzug »Gegen Interpretation« ermuntert als zu einer Ausweitung der Interpretation. Wie es der Essayist Eliot Weinberger formuliert hat: Ihr Camp-Aufsatz war daran schuld, dass zu ihrem eigenen Entsetzen Tausende dekonstruktive Dissertationen über Batman die Englischdepartments der amerikanischen Universitäten fluteten.

Krankheit als Metapher: Überleben

Mit *Krankheit als Metapher* knüpft Sontag 1978 an »Gegen Interpretation« an. Das Buch basiert auf drei Essays, die zunächst in der *New York Review of Books* erschienen. Es könnte auch *Gegen Krankheit als Metapher* heißen, denn es kritisiert die Sprachbilder, mit denen über Krebs gesprochen wird. Dabei wendet Sontag die »Strategie des ›Gegen Interpretation‹ auf die wirkliche Welt selbst« an, das heißt auf den Körper (wie sie 1989 im Rückblick auf ihren Text schreibt). Ihr Essay ist ein Plädoyer dafür, den Krebs von seiner Bedeutung zu befreien und schlicht als das zu betrachten, was er Sontags Meinung nach ist: »eine ernste Krankheit, aber eben eine Krankheit, weder Fluch noch Strafe noch Peinlichkeit«.

Wahrscheinlich ist Sontag mit *Krankheit als Metapher* die überzeugendste Anwendung ihrer Theorie der Nicht-Interpretation gelungen. Nicht am Film oder an der Kunst, sondern am Körper, der an Krebs leidet, wird ihr Bemühen am wirkmächtigsten, ein Gegenwartsphänomen unverstellt, von Deutung unbeschwert zu betrachten. Bei einer Krebserkrankung, argumentiert Sontag, könne Interpretation sogar tödlich sein: »Was einen umbrachte, waren nach meiner Überzeugung die

Ammenmärchen und Metaphern rund um den Krebs. (Sie schüren in den Menschen irrationale Ängste vor solch wirksamen Maßnahmen wie der Chemotherapie und fördern dafür das blinde Vertrauen auf völlig nutzlose Verfahren wie Diät oder Psychotherapie.)« Zu diesen negativen Vorstellungen gehört auch die Gleichsetzung von Krebs und Tod, Sontag zufolge eine Mystifikation, die Patientinnen davon abgehalten habe, sich behandeln zu lassen.

Der Interpretation zu widerstehen sei im Fall von Krebs ein Akt des Überlebens. Es heiße konkret, als Patientin mündig zu werden, die Wahrheit über die medizinische Diagnose einzufordern und selbst aktiv nach der richtigen Behandlungsmethode zu suchen.

Sontag schreibt das in einer Zeit, in der es noch üblich war, dass manche Aspekte der Diagnose den Patientinnen verschwiegen und nur den Angehörigen zugemutet wurden. Krebs war auf eine Weise gesellschaftlich stigmatisiert, die heute gar nicht mehr vorstellbar ist. US-amerikanische Krebskliniken versendeten ihre Briefe ohne Absender, damit die Krankheit möglichst geheim blieb. Das Umdenken, das diesbezüglich stattgefunden hat, ist auch Sontags entschiedenem Plädoyer für einen aufgeklärten Umgang mit der Krebserkrankung zu verdanken. *Krankheit als Metapher*, ein Stück Aktivismus in essayistischer Form, hat Menschen auf der ganzen Welt, Behandelnde wie Erkrankte, beeinflusst und ihren Blick auf den Krebs verändert.

Nach der Veröffentlichung erreichten Sontag Hunderte Briefe von Menschen, die ihr schrieben, die Lektüre ihres Buches habe ihr Leben gerettet, sie hätten sich daraufhin ärztliche Betreuung gesucht oder diese gewechselt. Tatsächlich wurde aus der Essayistin zeitweise selbst eine Aktivistin. Sontag hatte ein offenes Ohr für jede, die sich mit ihr über die eigene Krebserkrankung austauschen wollte. Täglich sprach sie mit Freundinnen, die erkrankt waren, oder mit Fremden, die ihren Rat suchten.

Die berühmten Anfangssätze aus *Krankheit als Metapher* lauten: »Krankheit ist die Nachtseite des Lebens, eine eher lästige Staatsbürgerschaft. Jeder, der geboren wird, besitzt zwei Staatsbürgerschaften, eine im Reich der Gesunden und eine im Reich der Kranken.« Sontag selbst hat viel Zeit im Reich der Kranken verbracht. Ihre theoretische Auseinandersetzung mit der Krankheit ist persönlich motiviert: Dreimal erkrankte sie schwer an Krebs. Zweimal überlebte sie. Das dritte Mal starb sie daran. Schon in der Mitte ihres Lebens wurde sie mit dem eigenen Tod konfrontiert. Die zweite Hälfte ihres Lebens war auch von dieser einschneidenden Erfahrung geprägt, von der Angst, dass der Krebs zurückkommt.

Sontag reagierte auf ihre drei Erkrankungen nach demselben Prinzip: Sie konzentrierte sich allein auf den physischen Aspekt der Krankheit und ihr Überleben, sammelte so viel Wissen wie möglich und entschied sich für die radikalste Form der Therapie. Jedes Mal spielte die Unterstützung durch Freundinnen und Freunde eine große Rolle, und die Erfahrung der Todesnähe wirkte als Intensitätsverstärker. Danach wollte Sontag noch konsequenter an ihrem Werk arbeiten und noch mehr erleben.

1974 schrieb Sontag in ihr Tagebuch: »Als ich neulich über meinen eigenen Tod nachgedacht habe, wie ich es ja des Öfteren tue, ist mir etwas klar geworden. Ich habe erkannt, dass mein Denken bisher sowohl zu abstrakt als auch zu konkret war. Zu abstrakt: Tod. Zu konkret: ich. Denn es gab noch einen Begriff dazwischen, der sowohl abstrakt als auch konkret war:

Frauen. Ich bin eine Frau. Und dadurch hat sich eine ganz neue Welt des Todes vor mir aufgetan.« Diese ganz neue Welt eines spezifisch weiblichen Todes betrat Sontag ein Jahr später.

1975 erhielt die 42-Jährige die Diagnose Brustkrebs im fortgeschrittenen Stadium. Sie hatte einen aggressiven Tumor in der linken Brust, der bereits Metastasen ausgebildet hatte. Ihre verbleibende Lebenszeit wurde auf ein halbes Jahr geschätzt. Die Chancen, die nächsten zwei Jahre zu überleben, lagen bei weniger als 10 Prozent. Sontag reagierte mit Panik auf diese Nachricht. In den darauffolgenden Nächten ließ sie das Licht an.

In verschiedenen Kliniken suchte Sontag Rat und entschloss sich zu der brutalsten aller möglichen Operationen, der sogenannten »Halsted-Operation«, die damals gängige Praxis war, heute aber kaum noch durchgeführt wird. Dabei werden neben der Brust auch die Lymphknoten unter dem Arm und der größte Teil des Muskelgewebes der Brustwand entfernt. Diese radikale Mastektomie ließ Sontag im Memorial Sloan Kettering Cancer Center in New York durchführen, einer der renommiertesten Krebskliniken der USA.

Daran schlossen sich weitere Operationen an und eine zweieinhalbjährige Chemotherapie, die fast unerträglich gewesen sein muss und experimentellen Charakter hatte. Sontags damalige Lebensgefährtin, die in Paris lebende jüdisch-französische Schauspielerin Nicole Stéphane, vermittelte ihr den Kontakt zu dem Pariser Onkologen Lucien Israël, der daran forschte, die Chemotherapie durch eine in den USA damals nicht zugelassene Immuntherapie zu ergänzen. Stéphane ging mit den Bildern ihrer Freundin zu ihm, woraufhin er Sontag schrieb: »Ich halte Ihren Fall nicht für hoffnungslos.« Die Ärzte des Sloan Kettering Center waren einverstanden, Dr. Israëls

Verbindung aus Chemo- und Immuntherapie in New York durchzuführen. »Einmal mehr wurde meine Mutter zur großen Ausnahme«, sagte ihr Sohn – und Lucien Israël wurde zu Sontags »Lebensretter«, wie sie ihn später genannt hat.

Sontag hatte wie zu dieser Zeit viele Künstlerinnen und Künstler in den USA keine Krankenversicherung und konnte die Kosten der Behandlung von 150 000 Dollar (heute entspräche das etwa 700 000 Dollar) nicht bezahlen. Doch sie hatte einflussreiche Freunde: Bob Silvers, einer der Herausgeber der *New York Review of Books*, organisierte für sie eine erfolgreiche Spendenaktion, an der zum Beispiel der Schriftsteller Arthur Miller und der Maler Jasper Johns teilnahmen.

Während ihrer strapaziösen Chemotherapie machte Sontag zwei Erfahrungen, die sie in *Krankheit als Metapher* verarbeiten würde. Zunächst erfuhr sie das Gewicht von Metaphern am eigenen Leib: »Ich komme mir vor wie der Vietnamkrieg. Invasion und Kolonisierung gegen meinen Körper gerichtet. Sie wenden chemische Waffen auf mich an. Ich muss Hurra schreien«, notierte sie im Herbst 1975 in ihr Tagebuch, sechs Monate nach Ende des Vietnamkrieges. Genau gegen diese persönlich erlittene Metaphorik, die im »Krieg gegen den Krebs« zur Parole geworden ist, wird Sontag in *Krankheit als Metapher* anschreiben. Sie kritisiert, dass diese dazu beitrage, den Krebs als das »›radikale‹ oder ›absolute‹ Böse« darzustellen, das schlechthin Unbesiegbare, was einer erfolgreichen, vernunftgeleiteten Behandlung der Krankheit im Weg stehe.

Die zweite Erfahrung, die in Sontags Krankheitsessay eingeflossen ist: »Ich habe das Gefühl, mein Körper hat mich im Stich gelassen. Und mein Verstand ebenfalls. Denn irgendwie glaube ich an die Behauptung von Reich. Ich bin für meinen

Ein interessantes Detail stellt einen *tatsächlichen* Zusammenhang zwischen Chemotherapie und Krieg her: Zu den Medikamenten, die seit Jahrzehnten unverändert in der Chemotherapie zum Einsatz kommen, gehört Cyclophosphamid, auch »Lost« oder »Senfgas« genannt, das im Ersten Weltkrieg als chemische Waffe Verwendung fand.

Krebs selbst verantwortlich. Ich habe wie ein Feigling gelebt und mein Verlangen, meine Wut unterdrückt«, notiert Sontag zu Beginn ihrer Krankheit. Im Tagebuch gesteht sie sich ein, Reichs Deutung des Krebses zwar intellektuell abzulehnen, auf emotionaler Ebene aber daran zu glauben. In *Krankheit als Metapher* wird Reich zu ihrem zentralen Gegner, zur Figur, die sie demontieren möchte.

Wilhelm Reich (1897–1957), Freud-Schüler, umstrittener Psychoanalytiker und Arzt, habe »mehr als irgendjemand sonst dafür getan, die psychologische Krebstheorie zu verbreiten«, schreibt Sontag in ihrem Krankheitsessay. Reich war der Auffassung, Krebs sei das Resultat unterdrückter Leidenschaft. Sontag zitiert in ihrem Text seine Definition des Krebses als »Erkrankung infolge emotionaler Resignation – ein bioenergetisches Schrumpfen, ein Aufgeben der Hoffnung«. Was ist das Problematische an dieser Deutung von Krebs? Sie gibt der Patientin selbst die Schuld an ihrer Erkrankung. Der Krebs erscheint als persönliches, schambesetztes Versagen, was einen konstruktiven Umgang mit der Krankheit erschwert. Wenn Sontag in ihrem Essay die psychologische Bedeutung abschichtet, die Reich dem Krebs aufgetragen hat, dann tut sie das auch aus persönlicher Erfahrung, die sie allerdings nicht kenntlich macht. Sontag räumt Glaubenssätze aus dem Weg, die ihr bei der Heilung selbst im Weg standen.

Sie spricht die Krebspatientin von der Schuld an ihrer Krankheit frei, nimmt sie allerdings für ihre Heilung in die Pflicht. Das kann einerseits ein Weckruf zu mehr Engagement für die eigene Genesung sein. *Selbstwirksamkeit* würde man das wohl heute nennen, den Glauben daran, aus eigener Kraft auch schwierige Situationen bestehen zu können. Andererseits aber sind den Möglichkeiten, die Heilung des Krebses aktiv voranzutreiben, Grenzen gesetzt. Dass Sontag diese Ambivalenz nicht reflektiert, ist die Schwachstelle ihrer Argumentation.

In »Wie wir jetzt leben« (1986), Sontags Erzählung über eine namenlose Krankheit, hinter der sich Aids vermuten lässt, sagt die tödlich erkrankte Figur: »Die Katastrophe ist zugleich ein erstaunliches High. Manchmal fühle ich mich so gut, so kraftvoll, als könnte ich aus meiner Haut springen. Werde ich jetzt verrückt oder wie? Liegt es daran, dass alle so zugewandt sind, mich verhätscheln, ein kindlicher Traum vom Geliebtwerden? Liegt es an den Medikamenten? Ich weiß, es klingt verrückt, aber manchmal denke ich, dass das alles eine *fantastische* Erfahrung ist.« Diese Passage ist vermutlich autobiografisch inspiriert. In einem merkwürdigen Interview, das sie der *New York Times* im Jahr 1978 gegeben hat, sagte Sontag ketterauchend: »Es ist fantastisch, wenn man weiß, dass man sterben wird; das macht die Prioritäten und den Versuch, ihnen zu folgen, sehr real.« Besonders das erste Jahr ihrer Erkrankung, als sie und die Menschen in ihrer Umgebung noch davon ausgingen, sie würde sterben, hat Sontag in positiver Erinnerung behalten: Es sei die einzige Zeit in ihrem Leben gewesen, in der sie sich geliebt gewusst habe. Sie sei euphorisch gewesen. Zum ersten Mal habe sie daran gedacht, wie schön das Leben sei.

Ab morgen – wenn nicht heute:

- Ich werde morgens spätestens um acht aufstehen.
- (Gegen diese Regel darf ich *einmal* pro Woche verstoßen.)
- Ich werde nur mit Roger [Straus] zu Mittag essen gehen.
- (»Nein, ich gehe mittags nicht essen.« Gegen diese Regel darf ich alle zwei Wochen verstoßen.)
- Ich werde jeden Tag in mein Notizheft schreiben.
- (Vorbild: Lichtenbergs Sudelbücher.)
- Ich werde allen sagen, dass sie mich morgens nicht anrufen sollen, oder nicht ans Telefon gehen.
- Ich werde versuchen, das Lesen auf den Abend zu beschränken.
- (Ich lese zu viel – als Flucht vorm Schreiben.)
- Ich werde einmal in der Woche Briefe beantworten.
- (Freitags? – Da muss ich eh ins Krankenhaus.)

Aus: *Ich schreibe, um herauszufinden, was ich denke,* Tagebücher 1964–1980, Eintrag vom 20.02.77

Wider die anfängliche Prognose überlebte Sontag ihre Erkrankung und wurde vom Krebs geheilt. In den 1980er Jahren hat sie darüber gesprochen: »Die Erfahrung, zu denken, dass man sterben wird, und dann doch nicht zu sterben, ist sehr stark. Man ist danach nicht mehr dieselbe. Man ist gezwungen, sich mit dem Gedanken an den Tod zu arrangieren, und selbst wenn man begnadigt wird, kommt ein Teil von einem nie wieder ganz zurück.« Die US-amerikanische Autorin Anne Boyer, die mit 41 Jahren eine ähnlich verheerende Brustkrebsdiagnose wie Sontag erhielt und diese überlebt hat, nennt diese intensive Erfahrung *Undying*. Das ist auch der Titel ihres fulminanten Essays aus dem Jahr 2019: *The Undying. Pain, Vulnerability, Mortality, Medicine, Art, Time, Dreams, Data, Exhaustion, Cancer, and Care.* Eine Art *Krankheit als Metapher* für das 21. Jahrhundert, ebenso wie Sontags Bücher im New Yorker Verlag Farrar, Straus and Giroux erschienen.

»Jetzt, da ich unsterbe [*am undying*], ist die Welt voller Möglichkeiten«, schreibt Anne Boyer. Das war auch Sontags Erfahrung. In der Phase ihrer Rekonvaleszenz schloss sie viele neue Freundschaften, ging bis spät in die Nacht in Clubs und Bars. Sie begeisterte sich für den siebenstündigen Film *Hitler – ein Film aus Deutschland* von Hans-Jürgen Syberberg und für Rainer Werner Fassbinders Verfilmung von Alfred Döblins Roman *Berlin Alexanderplatz*, die 13 Stunden dauert. – Und sie verliebte sich neu. Nach der Trennung von Nicole Stéphane begann Sontag eine Beziehung mit dem russisch-amerikanischen Dichter und späteren Nobelpreisträger Josef Brodsky.

Sobald Sontag als vom Krebs geheilt galt, interessierte sie sich nicht mehr für Gesundheit, ihr zufolge ein bourgeoises Ideal, das gleichbedeutend ist mit Egoismus. Sie nahm ihre früheren Gewohnheiten wieder auf, schlief wenig, aß unregelmäßig und rauchte viele Zigaretten am Tag. Trotz einiger Versuche würde es ihr bis zum Ende ihres Lebens nicht gelingen, das Rauchen aufzugeben.

Sontag gewann selbst dem Krebs oder eher der Tatsache, ihn gegen alle Wahrscheinlichkeit überlebt zu haben, Glamour ab. Ihr Flirt mit dem Tod vertiefte ihr dunkles Charisma. Äußerlich erinnerte daran die berühmte weiße Strähne in ihrem schwarzen Haar. Als sie ihr Haar nach der Chemotherapie schwarz färben ließ, schlug der Friseur vor, eine Strähne weiß zu lassen. Diese Strähne hielt den Glanz der »Überlebenskünstlerin« (so hat sich Sontag selbst bezeichnet) präsent und wurde zu ihrem *signature look* mit hohem Wiedererkennungswert auf Fotos und Karikaturen.

Sontags erster öffentlicher Auftritt nach ihrer Rekonvaleszenz wurde in New York als Wunder wahrgenommen: Die Schriftstellerin war von den Toten auferstanden.

Wie ging es Sontag mit ihrem versehrten Körper? »Für meine Mutter war die – nie ganz sichere – Freude am eigenen Körper durch ihre Brustkrebsoperation unwiederbringlich zerstört. Nachher war Bewusstsein alles für sie«, schreibt ihr Sohn in seinem Memoir *Tod einer Untröstlichen*. Sie habe sich als »verstümmeltes« Selbst wahrgenommen und sich von der Beschädigung ihrer Sexualität nie wieder ganz erholt.

Sigrid Nunez, die während Sontags Chemotherapie mit ihr und Rieff zusammenlebte, zeichnet ein etwas anderes Bild. Sontag habe sich geweigert, sich für den Verlust ihrer Brust zu schämen. In *Sempre Susan* zitiert Nunez Sontag so: »Ist es nicht erstaunlich? Ich dachte, es wäre abscheulich, aber tatsächlich ist es nur so, als wäre etwas ausradiert.« Und genauso sei es gewesen, bekräftigt Nunez und erzählt: »Sie zögerte nicht, auch vor Männern ihre Brust zu entblößen oder vor Leuten, die sie gerade erst kennengelernt hatte. Sie meinte, dass alle neugierig und in der Lage sein sollten, hinzusehen, ohne zusammenzuzucken.« Sontag war nicht zimperlich.

***

Sommer 1998. Sontag, mittlerweile 65 Jahre alt, beendete gerade im italienischen Bari ihren letzten Roman *In Amerika*, als sie sich plötzlich krank fühlte. Zurück in New York erhielt sie die Diagnose: seltenes Uterussarkom. Nach 23 Jahren war der

»Ich hatte immer das Gefühl, dass ich zu viel für die Leute um mich herum bin, und endlich hatte ich jemanden gefunden, der sogar zu viel für mich war!« (Marina Abramovic, Künstlerin)

Krebs zurückgekommen. Die Chancen, die Krankheit zu überleben, waren zwar besser als bei ihrem ersten Krebs. Aufgrund ihrer Vorerkrankung gab es trotzdem wenig Anlass zur Hoffnung. Wieder glaubte Sontag, sterben zu müssen, und reagierte exakt wie nach ihrer ersten Krebsdiagnose. Sie entschied sich für die radikalste Behandlung: Hysterektomie (Entfernung der Gebärmutter), dann Bestrahlung und Chemotherapie. Wieder wandte sie sich ihrer Krankheit mit wissenschaftlichem Eifer zu, archivierte Röntgenaufnahmen und protokollierte Blutwerte.

Der große Unterschied zu den 1970er Jahren: Erstmals konnte sie auch im Internet recherchieren. Bei der Chemotherapie war sie verblüfft darüber, wie genau die anderen Patientinnen und Patienten über die Medikamente Bescheid wussten, die ihnen verabreicht wurden (Sontag bekam Cisplatin, das zwar gegen den Tumor hilft, aber auch Schwermetalle im Körper anlagert). Dieser Wissenszuwachs unter den Erkrankten, den Sontag auf das Internet zurückführte, war ein großer Unterschied zu ihrer ersten Krebserkrankung. Damals sei sie die einzige gewesen, die die Namen ihrer Medikamente gewusst habe. Das Internet demokratisiere den Zugang zu Informationen, auch den medizinischen, freute sich Sontag.

Die Chemotherapie bekämpfte erfolgreich ihr Sarkom, führte allerdings zu einer starken Neuropathie, einem Nerven-

Susan Sontag (r.) mit Annie Leibovitz auf einer Vernissage 1991

leiden, in den Füßen. Sontag musste mühsam wieder gehen lernen. Doch sie war glücklich, am Leben zu sein. Nach zwei Jahren, in denen es ihr schlecht ging, kehrte ihre »legendäre Energie« (ihr eigener Ausdruck) wieder zurück. Wie schon nach dem Überleben ihrer ersten Krebserkrankung ging Sontag als »intensivierte Version ihrer selbst« aus der Krankheit hervor, um eine Formulierung von Anne Boyer zu verwenden. Sie ging aus, lernte Klavierspielen, stürzte sich begeistert ins Internet und richtete sich einen E-Mail-Account ein.

Ihrer Beziehung zu Annie Leibovitz (*1949), der jüdisch-amerikanischen Starfotografin, mit der Sontag seit Ende der 1980er Jahre inoffiziell liiert war, tat ihre Erkrankung gut: Sie brachte die beiden Frauen, deren Verhältnis sehr schwierig gewesen sein muss, einander wieder näher. Leibovitz pflegte Sontag und dokumentierte die Erkrankung sowie die Genesung ihrer Freundin mit der Kamera. Auch die Liebesbeziehung zu einer früheren Geliebten, der Tänzerin und Choreografin Lucinda Childs, lebte in der Zeit von Sontags Krankheit wieder auf.

***

1972 notierte Sontag in ihrem Tagebuch eine Idee für einen Text und zog verschiedene mögliche Titel in Erwägung: »Über das Sterben von Frauen« oder »Frauentode« oder »Wie Frauen sterben«. Unter der Überschrift »Material« listete sie Namen berühmter Frauen wie Virginia Woolf oder Marie Curie auf, deren Tod sie betrachten wollte. Dieses essayistische Vorhaben blieb unverwirklicht. Sontags eigenes Sterben im Jahr 2004 hingegen hat verschiedene Autorinnen und Autoren, unter anderen ihren Sohn David und die US-amerikanische Schriftstellerin Katie Roiphe, dazu angeregt, darüber zu schreiben. Im Tod, gegen den die Sterbende bis zuletzt vehement aufbegehrt hat, tritt die Ausnahmefigur Susan Sontag besonders scharf hervor und zerfällt, zurückgeworfen auf den Körper, zugleich.

Anfang 2004 fielen ihrer Haushälterin Sookhee Chinkhan, die sich auch um die Sontag lästige Hygiene kümmerte und ihr gelegentlich ein Bad einließ, blaue Flecken auf ihrem Rücken auf. Bei einer Routineuntersuchung im März war eine Blutprobe auffällig. Sontag ging mit ihrem Sohn zu einem Spezialisten, der bei der 71-Jährigen das Myelodysplastische Syndrom feststellte, auch schwelende Leukämie genannt, die Vorstufe eines besonders tödlichen Blutkrebses, höchstwahrscheinlich verursacht durch die Chemotherapie bei ihrer letzten Krebserkrankung sechs Jahre zuvor.

Es gebe nicht die geringste Chance auf Heilung, sagte der Arzt und legte Sontag nahe, nichts mehr zu unternehmen, sondern die ihr bleibende Zeit von etwa einem halben Jahr zu nutzen. Selbstverständlich kam das für Sontag nicht in Frage. Zum dritten Mal richtete sich ihr fast religiöser Glaube an die Wissenschaft auf die Suche nach einer Behandlungsmethode, wobei die Aussichten düster waren.

Ihr Selbstbild der glanzvoll Überlebenden, die die tödliche Krankheit durch das Sammeln von Wissen und den Mut zu radikalen Therapien überwinden kann, bekam in dieser Zeit Risse. Sie zweifelte daran, ob sie auch diesmal die Ausnahme sein würde, die sich über die tödliche Diagnose hinwegsetzen kann. Doch sie zwang sich zur Hoffnung.

Wieder entschied sich Sontag für ein Überleben um jeden Preis. Die radikalste Therapie war in diesem Fall eine Knochenmarktransplantation. Das war die einzige Behandlung, die, auch wenn die Chancen gering waren, vollständige Heilung bringen konnte. Bei einer Frau ihres Alters war das eine unübliche Behandlung, zudem kostete sie sehr viel Geld. Ohne die finanzielle Unterstützung durch Annie Leibovitz, zu dieser Zeit noch Teil von Sontags Leben, auch wenn ihre Beziehung abgekühlt und durch viele Trennungen beschädigt war, hätte sie sich diese Behandlung nicht leisten können.

Die Chance, noch einige Jahre zu leben, sei das, was sie wolle, sagte sie ihrem Arzt Stephen Nimer, der sie vor den körperlichen Leiden warnte, die eine Knochenmarktransplantation mit sich bringe. An »Lebensqualität« sei sie nicht interessiert.

Im New Yorker Krankenhaus zwangen Sontags Freunde sie dazu, ein Testament zu machen. Sontag war außer sich vor

Wut, denn wer ein Testament mache, werde bald sterben, rang sich aber schließlich unter Protest dazu durch.

Die Transplantation sollte in einer renommierten Klinik in Seattle, dem Fred Hutchinson Cancer Research Center, stattfinden. In einem Privatjet flog Sontag im Juni 2004 mit Leibovitz nach Seattle. Enge Freundinnen und Freunde reisten zu ihr, um sich abwechselnd um sie zu kümmern. Was Sontag in der landschaftlich eindrucksvollen Umgebung von Lake Union und Mount Rainier bevorstand, war eine unvorstellbare Tortur.

Als Vorbereitung auf die Transplantation wurde Sontag einige Tage im Juli in einem Raum isoliert und bestrahlt. Die Bestrahlung, die die Patientin bewusst so nahe an den Tod heranführte wie klinisch vertretbar, war derart intensiv und toxisch, dass sie nur unter Isolation erfolgen konnte. Sontag nahm ein Exemplar von *Don Quijote* mit in den Bestrahlungsraum. Die extreme Strahlentherapie machte den Körper anfällig, Sontag erkrankte in der Folge an zahllosen Infekten. Ihre Haut färbte sich schwarz.

Im August fand die Knochenmarktransplantation statt. Zunächst war die medizinische Lage undurchsichtig: Es bestand die Hoffnung, dass die Transplantation der Stammzellen erfolgreich war. Freunde, die sie besuchten, waren allerdings schockiert: Sontag ist nicht mehr wiederzuerkennen. Ihr »ikonisches Gesicht«, wie Roiphe es nennt, uns von zahlreichen Fotografien vertraut, war verschwunden.

Nachvollziehen lässt sich diese äußerliche Veränderung anhand der umstrittenen Fotos, die Annie Leibovitz während dieser Phase ihrer Krankheit von Sontag gemacht und in ihrem Band *A Photographer's Life* 2006 veröffentlicht hat. Auf diesen Bildern sieht die Autorin nicht mehr aus wie sie selbst. Mehr tot als lebendig liegt Sontag zwischen den medizinischen Apparaten. Eine Heilige der totalen Erschöpfung, wie man mit Anne Boyer sagen könnte, die »heilig« nennt, wer besser als andere leiden kann, und die von der Chemotherapie Erschöpfte als »Heilige des verschwendeten Lebens« beschreibt. Während ihre frühere Lebensgefährtin sicher war, dass Sontag ihr Einverständnis zu diesen Bildern gegeben hätte, empfand ihr Sohn deren Veröffentlichung als posthume Erniedrigung seiner Mutter.

In ihrem Krankenhauszimmer, das aufgrund der Infektionsgefahr nur mit Schutzkleidung betreten werden durfte, hing ein Zettel an der Wand, der die Tage auflistete, die seit der Transplantation vergangen waren. Nach hundert Tagen sollte Sontag, wenn alles gutginge, nach New York zurückkehren. Sie wolle etwas verändern, sagte sie immer wieder zu denen, die in Seattle bei ihr waren, den Freundinnen und Freunden sowie dem Krankenhauspersonal.

Wenn sie endlich nach New York gehen könne, wolle sie anders schreiben, neue Leute kennenlernen, einige der vielen Dinge tun, die sie sich schon lange vorgenommen habe. Noch im Sterben führte Sontag Listen. Wann immer sie dazu in der Lage war, notierte sie im Krankenhausbett Restaurants und Bücher, Zitate und Fakten, Schreibprojekte und Reisepläne. Die Liste als Ausdruck eines Ringens um Zukunft.

Schließlich zeichnete sich ab, dass die Transplantation gescheitert war. Im November überbrachten David Rieff, ihr Freund Peter Perrone und das medizinische Team Sontag diese Nachricht. Ihre Reaktion hat sich Perrone ins Gedächtnis eingebrannt: »Aber das heißt, dass ich sterbe«, schrie Sontag. »Vielleicht möchten Sie die Zeit nutzen, um sich auf Ihre spirituellen Werte zu besinnen«, schlug der Assistenzarzt vor. »Ich habe keine spirituellen Werte!«, entgegnete Sontag. »Vielleicht möchten Sie die Zeit nutzen, um mit Ihren Freunden zusammen zu sein?« Sie antwortete: »Ich habe keine Freunde!«

Daraufhin kam Annie Leibovitz sofort nach Seattle und tat offensichtlich genau das Richtige. Sie ignorierte den Infektionsschutz, legte sich in ihren Kleidern zu Sontag ins Bett und nahm sie in den Arm. Zwei Tage später brachte Leibovitz die Freundin mit dem Flugzeug zurück nach New York. Nicht nach Hause, sondern wieder ins Sloan Kettering Center. Dr. Nimer schlug vor, das experimentelle Medikament Zarnestra auszuprobieren, das in manchen Fällen von Leukämie geholfen hatte. Die Menschen, die sie begleiteten, waren sich uneinig. Hatte es Sinn, die Behandlung fortzuführen? Sollte Sontag nicht eher zu Hause sein als im Krankenhaus? Der Respekt gegenüber ihrem Monate zuvor geäußerten Wunsch, bis zum Schluss zu kämpfen, setzte sich durch.

Zarnestra konnte keine Wunder vollbringen. Sontags Symptome verschlechterten sich. Bis zuletzt sprach sie nicht über ihren Tod, wählte allerdings die Musik für ihre Beerdigung aus, darunter eines von Beethovens letzten Streichquartetten. Kurz nach Weihnachten zog sie sich eine Infektion zu, die ihr geschwächtes Immunsystem nicht mehr abwehren konnte. Ihre letzten Worte richtete sie am 27. Dezember an ihren Sohn: »Ich möchte dir sagen, dass …« Am Morgen des 28. Dezember 2004 starb Sontag. Rieff und ihre engsten Freundinnen und Freunde waren anwesend. »Ihr Tod war leicht, wenn es so etwas überhaupt gibt, insofern als sie kaum Schmerzen hatte und sich, soweit es zu erkennen war, wenig ängstigte. Sie ging einfach davon«, erinnert sich ihr Sohn.

Sontag hatte keinen Sinn für Nostalgie. Es lag ihr fern, zurückzublicken oder für die Vergangenheit zu schwärmen. Zweifellos interessierte sie sich für die Gegenwart. Die Zu-

Was ich mag: Feuer, Venedig, Tequila, Sonnenuntergänge, Babys, Stummfilme, Höhen, grobes Salz, Zylinder, große Langhaarhunde, Schiffsmodelle, Zimt, Federbetten, Taschenuhren, den Geruch frisch gemähten Grases, Leinenstoff, Bach, Louis-treize-Möbel, Sushi, Mikroskope, große Räume, Highs, Stiefel, Wasser trinken, Ahornzucker.

Was ich nicht mag: allein in einer Wohnung schlafen, kaltes Wetter, Paare, Fußballspiele, Schwimmen, Sardellen, Schnauzbärte, Katzen, Regenschirme, fotografiert werden, den Geschmack von Lakritze, mir die Haare waschen (oder sie gewaschen bekommen), eine Armbanduhr tragen, einen Vortrag halten, Zigarren, Briefe schreiben, duschen, Robert Frost, deutsches Essen.

Was ich mag: Elfenbein, Pullover, Bauzeichnungen, urinieren, Pizza (das römische Brot), in Hotels übernachten, Büroklammern, die Farbe Blau, Ledergürtel, Listen aufsetzen, Wagon-Lits, Rechnungen bezahlen, Höhlen, beim Eislauf zusehen, Fragen stellen, mit dem Taxi fahren, beninische Kunst, grüne Äpfel, Büromöbel, Juden, Eukalyptusbäume, Taschenmesser, Aphorismen, Hände.

Was ich nicht mag: Fernsehen, Baked Beans, haarige Männer, Taschenbücher, stehen, Kartenspiele, schmutzige oder unordentliche Wohnungen, flache Kissen, in der Sonne sein, Ezra Pound, Sommersprossen, Gewalt in Filmen, Augentropfen verabreicht bekommen, Hackbraten, lackierte Fingernägel, Selbstmord, Umschläge ablecken, Ketchup, traversins [*Nackenrollen*], Nasentropfen, Coca-Cola, Alkohol, fotografieren.

Was ich mag: Trommeln, Nelken, Socken, rohe Erbsen, Zuckerrohr kauen, Brücken, Dürer, Rolltreppen, heißes Wetter, Stör, große Menschen, Wüsten, weiße Wände, Pferde, elektrische Schreibmaschinen, Kirschen, Korb-/Rattanmöbel, im Schneidersitz sitzen, Streifen, große Fenster, frischen Dill, laut lesen, in Buchhandlungen gehen, spärlich möblierte Zimmer, tanzen, *Ariadne auf Naxos.*

(Ich schreibe, um herauszufinden, was ich denke, Tagebücher 1964–1980, Eintrag vom 21.02.1977)

kunft war jedoch der zeitliche Horizont, vor dem sie ihr Leben wahrnahm. Ihre besten Werke lagen, so glaubte sie bis zum Ende, noch vor ihr. Bei festlichen Anlässen erklärte sie, hundert Jahre alt werden zu wollen. Als ihr Sohn klein war und die Endlichkeit des Lebens zu entdecken begann, imaginierte sie eine »Art von chemischer Unsterblichkeit«, die für ihn und für sie wohl aber zu spät komme.

Wer so auf die Zukunft ausgerichtet ist, dem muss es schwerfallen, eine Gegenwart anzuerkennen, in der das Leben zu Ende geht. Wer sich die Welt wie Sontag nicht ohne die eigene Anwesenheit vorstellen kann, wird sich mit der Tatsache der Sterblichkeit nicht abfinden können. Ihr Wunsch, lebendig zu bleiben und ihr Werk fortzuschreiben, verstärkte sich am Ende ihres Lebens eher noch. Er kenne niemanden, der das Leben so geliebt habe wie seine Mutter, hat David Rieff gesagt. Obwohl sie so viele Schmerzen aushalten musste und so oft so unglücklich war.

Die Unausweichlichkeit des Todes verlieh der Intensität, mit der sie am Leben festhielt, ihrer Weigerung, sich mit dem eigenen Sterben auseinanderzusetzen oder vielleicht sogar auszusöhnen, etwas Tragisches. Als Essayistin hatte Sontag eine Vorliebe für das Thema der Transzendenz und zeichnete in ihren Texten Formen der Überschreitung in der Kunst der Moderne nach. Doch für sie als Mensch gab es nur Immanenz, nichts als das Diesseits. Mit den Heilkristallen und christlichen Heiligenbildern, die ihre spirituellen Freundinnen und Freunde ihr nach ihrer dritten Krebsdiagnose schenkten, konnte sie nichts anfangen.

»Sie war noch nicht bereit zu sterben«, sagte Dr. Nimer zu ihrem Sohn, der sich nach dem Tod seiner Mutter mit der Frage zermarterte, ob er ihr nicht doch den Glauben an ein Weiterleben hätte ausreden sollen, anstatt sie darin zu bestärken, wie sie es von ihm verlangt hatte. »Vielleicht war dieses Weiterlebenwollen ihre Art zu sterben«, schreibt Rieff nachdenklich.

Sie sei so tapfer gewesen. Aber sie habe sich zu viel zugemutet, fanden Annie Leibovitz und die Menschen in ihrem näheren Umfeld, mit denen Katie Roiphe für ihr Buch *The Violet Hour* über das Sterben von Sontag und fünf weiteren Schriftstellern gesprochen hat. »Am Ende konnte Sontag ihre Krankheit nicht mehr ohne Metapher leben; sie brauchte die Idee eines Kampfes, selbst nachdem der Kampf verloren war«, schreibt Roiphe.

Sontag war eine mündige Patientin, die sich intellektuell mit ihrer Krankheit auseinandersetzen und sie verstehen wollte. Sie wollte unbedingt leben und überwand lähmende Vorstellungen, die mit der Erkrankung verbunden sind. Sie handelte entschlossen und ließ sich therapieren – und starb schließlich dennoch an Krebs.

Das Leiden anderer betrachten: Sehen und Handeln

Susan Sontag war ein begehrtes Modell zahlreicher renommierter Fotografinnen und Fotografen. Scheinbar mühelos posierte sie vor der Kamera. Sie sagte zwar, sie liebe Fotos, als denkendes Subjekt ging sie jedoch hart mit der Fotografie ins Gericht.

Die Arbeit am Bild durchzog ihr Werk auch jenseits der Fotografie: Sie drehte Filme, inszenierte fürs Theater, schrieb selbst ein Stück und hatte ein besonderes Faible für die Kritik von Metaphern, sprachlichen Bildern. Ihr Bezug zur Fotografie hatte dabei auch etwas Superlativisches: Sontag, die meistfotografierte Intellektuelle und neben Walter Benjamin und Roland Barthes meistzitierte Fotografietheoretikerin des 20. Jahrhunderts, ging ab Ende der 1980er Jahre ausgerechnet mit der berühmtesten Fotografin Amerikas, Annie Leibovitz, eine Beziehung ein.

Besonders intensiv hat sich Sontag ihr Leben lang mit Kriegsfotografie beschäftigt. Die Betrachtung des Leidens anderer aus der Ferne, am Schreibtisch, über Stapel von Fotos gebeugt, genügte ihr allerdings nicht. Mehrfach reiste sie in Kriegsgebiete und erfuhr die Schrecken des Krieges aus erster

Hand. Sehen und Handeln, Theorie und Aktivismus sind die zwei Facetten ihrer Beschäftigung mit den Gräueltaten, zu denen Menschen fähig sind.

Seit 1945 werden Kriege in den Industrienationen vor allem als mediale Ereignisse wahrgenommen: »Kriege – das sind inzwischen auch Bilder und Töne, die uns im Wohnzimmer erreichen«, schreibt Sontag in *Das Leiden anderer betrachten* (2003). Bei jedem neuen Krieg, der das zerbrechliche politische Gefüge unserer Welt erschüttert und uns mit Bildern des Grauens überschwemmt, können wir uns mit Sontag fragen: Was macht der Anblick von Kriegsopfern mit uns? Wie sollen wir den Bildern des Leidens in unserem Newsfeed angemessen begegnen?

Sontag hatte als Chronistin des 20. Jahrhunderts ein Gespür für die Bedeutung von Krieg, Fotografie und Kriegsfotografie. Vielleicht hing das damit zusammen, dass die historischen Ereignisse, die ihr Leben geprägt haben, beides zugleich waren: Eruptionen unvorstellbarer Gewalt *und* Darstellungen dieser Gewalt, die sich ins kulturelle Gedächtnis eingebrannt haben. Das trifft auf den Holocaust und den 11. September 2001, die Zäsuren, die ihr Leben rahmten, genauso zu wie auf die drei Kriege, gegen die sich ihr politisches Engagement besonders richtete: den Vietnam-, den Bosnien- und den Irakkrieg.

Entlang dieser Ereignisse lassen sich einige der ikonischen Bilder des Leidens, mit denen sich Sontag beschäftigt hat, inventarisieren:

- die Fotos von den Konzentrationslagern in Bergen-Belsen und Dachau
- das Foto des neunjährigen Mädchens Kim Phúc, das im Vietnamkrieg nackt und schreiend vor einem Napalm-Angriff flieht

- das Foto aus dem Bosnienkrieg, auf dem ein Mitglied der serbischen Miliz zum Tritt gegen eine auf dem Boden liegende sterbende Frau ausholt
- die Fotos von den Ruinen des World Trade Center auf Ground Zero
- die Fotos aus dem Gefängnis im irakischen Abu Ghraib

Vielleicht können diese Beispielfotos als Wegweiser durch Sontags weitverzweigtes Nachdenken über Kriegsfotografie dienen. Dabei entwickelt sie keine einheitliche oder geschlossene Theorie, sondern nimmt Einzelbeobachtungen zum Anlass, Gedanken auszuprobieren und zuzuspitzen.

Bergen-Belsen und Dachau

In *Über Fotografie* (1977) beschreibt Sontag ihre erste erschütternde Erfahrung mit Bildern des Grauens, den Fotos aus den Konzentrationslagern von Bergen-Belsen und Dachau, die sie 1945 als Zwölfjährige in einer Buchhandlung in Santa Monica entdeckte: »Nichts, was ich jemals gesehen habe – ob auf Fotos oder in der Realität –, hat mich so jäh, so tief und unmittelbar getroffen. Und seither erschien es mir ganz selbstverständlich, mein Leben in zwei Abschnitte einzuteilen: in die Zeit, bevor ich diese Fotos sah, und die Zeit danach.« Seitdem ist Sontag für die Wirkung von Kriegsbildern sensibilisiert. Diese Fotos waren der Beginn ihres Nachdenkens über die Frage, warum und wozu wir das Leiden anderer betrachten.

Sontags Reaktion auf die Bilder aus den Konzentrationslagern fiel heftig aus: »Als ich diese Fotos betrachtete, zerbrach etwas in mir. Eine Grenze war erreicht, und nicht nur die

Grenze des Entsetzens; ich fühlte mich unwiderruflich betroffen, verwundet, aber etwas in mir begann sich zusammenzuballen; etwas starb, etwas weint noch immer.« In dieser Beschreibung steckt Ambivalenz: Die Bilder greifen Sontag persönlich an und lösen im selben Moment auch eine Art Abwehr in ihr aus. Die Erinnerung an diese »negative Epiphanie«, wie Sontag die erste Begegnung mit unvorstellbarem Schrecken nennt, speist ihr Nachdenken darüber, unter welchen Umständen sich die Schockwirkung von Bildern abnutzt. Sie kommt zu der vorläufigen Erkenntnis, dass die Aufnahmen aus dem KZ, die den Status von »ethischen Bezugspunkten« erlangt haben, vielleicht die einzigen Fotos sind, die ihre Wirkung auf die Betrachterin oder den Betrachter nicht mit der Zeit einbüßen. Sie sind nicht von der Betäubung durch und der Gewöhnung an Bilder des Grauens betroffen.

Vietnam

In *Über Fotografie* verweist Sontag auch auf das berühmte Foto des vietnamesischen Mädchens. Dabei geht es ihr um die Wirkmacht von Fotos, die sie für einprägsamer als Fernsehbilder hält. Das Foto der vor Schmerz schreienden Kim Phúc, das im Jahr 1972 um die Welt ging, habe vermutlich mehr dafür getan, die Öffentlichkeit gegen den Vietnamkrieg zu mobilisieren, als die stundenlange Ausstrahlung von Grausamkeiten im Fernsehen.

2003 kommt Sontag in *Das Leiden anderer betrachten* auf dieses Antikriegsfoto des vietnamesisch-amerikanischen Fotografen Huynh Cong Út zurück. Das Bild, der »Inbegriff der Schrecken des Vietnamkriegs«, gehört für sie zu den Kriegsfotos, die sich unmöglich stellen lassen. Das ist für die moralische Autorität von Fotografie entscheidend. Erst seit dem Vietnamkrieg könne man sicher sein, dass keines der bekannten Kriegsfotos manipuliert sei. Der Grund dafür liege möglicherweise in der Rolle des Fernsehens, das im Vietnamkrieg erstmals für die Übermittlung von Kriegsbildern verantwortlich war. Angesichts ganzer Kamerateams am Ort des Geschehens hätten allein umherreisende Fotografen nun viel weniger Möglichkeiten, Bilder zu inszenieren.

Dramatische Reportagefotos werden laut Sontag zwar selten gefälscht, die technischen Möglichkeiten dazu sind aber nahezu grenzenlos. Diese Beobachtung trifft ins Herz unserer Gegenwart und lässt Sontags Nachdenken über Fotografie fast prophetisch erscheinen. In Zeiten von Deepfake muss sich das, was auf einem Bild zu sehen ist, schließlich nicht einmal mehr vor der Kamera befunden haben. Vielmehr kann es mittels Künstlicher Intelligenz einfach dort platziert werden.

Bosnien

Das Foto des US-amerikanischen Fotojournalisten Ron Haviv aus dem Jahr 1992 gilt als eines der unvergesslichen Fotos der Balkankriege. Es ist »vollkommen nüchtern«, wie Sontag aus der *New York Times* zitiert, dabei gerade in der Beiläufigkeit der angedeuteten Brutalität von größtmöglicher Eindrücklichkeit. Anhand dieses Fotos veranschaulicht Sontag in *Das Leiden anderer betrachten* ihr kleines Plädoyer für eine Heimsuchung durch schreckliche Bilder (»Lassen wir uns also von den grausigen Bildern heimsuchen.«). Auch wenn Bilder nur einen kleinen Ausschnitt der Realität abbilden können, schreibt ihnen

Sontag doch große Bedeutung zu: »Die Bilder sagen: Menschen sind imstande, dies hier anderen anzutun – vielleicht sogar freiwillig, begeistert, selbstgerecht. Vergesst das nicht.« Sich von Bildern des Grauens heimsuchen zu lassen könnte heißen: Die Aussagen der Bilder bewusst wahrzunehmen und zu verinnerlichen, was etwas anderes ist, als sich an sie zu erinnern.

Das Foto von der bosnischen Frau, der wohl noch im Sterben gegen den Kopf getreten wird, hatte wie das Foto des vietnamesischen Mädchens eine moralische Wirkung. Es stärkte den Widerstand gegen den Krieg im zerfallenden Jugoslawien.

Ground Zero

Die Fotografie bewegt sich traditionell zwischen zwei Polen. Einerseits gilt sie als indexikalisch (Index = ein Zeichen, das physisch mit dem Bezeichneten verbunden ist; zum Beispiel Rauch als Index für Feuer). Was auf einem Foto abgebildet ist, muss sich irgendwann einmal – zumindest in Sontags Zeiten, also vor den technischen Möglichkeiten von Deepfake – vor der Kamera befunden haben. Daher versteht sich Fotografie auch als Zeugenschaft: »Fotos liefern Beweismaterial«, schreibt Sontag in *Über Fotografie*. Fotos können wie eine objektive Abbildung der Realität erscheinen, ein Abdruck des Realen. Diese Sichtweise nähert die Fotografie dem Dokumentarischen an. Andererseits aber hat Sontag immer wieder darauf hingewiesen, dass die hauptsächliche Wirkung des Mediums in einer »Ästhetisierung der Welt« bestehe. Betont man diesen Aspekt, wird Fotografie zur Kunst, die subjektiv und von Interpretation abhängig ist.

Wenn es um Bilder des Leidens geht, kann der künstlerische Aspekt mit dem moralischen Anspruch der Fotografie in Konflikt geraten. »An Kriegsfotos Schönheit zu entdecken wirkt gefühllos«, schreibt Sontag in *Das Leiden anderer betrachten*. Und dennoch existiert diese Schönheit. Als Beispiel erwähnt sie die Bilder, die bekannte Fotografen wie Gilles Peress, Susan Meiselas oder Joel Meyerowitz nach dem 11. September 2001 von den Ruinen des World Trade Center gemacht haben. Es sei damals frivol und wie ein Sakrileg erschienen, von deren Schönheit zu sprechen. Schön waren die Ruinen auf vielen Fotos allerdings trotzdem. Ihre Schönheit bleibt neben der moralischen Aussage der Bilder, dass sich so ein schlimmes Attentat niemals wiederholen dürfe, bestehen. »Von einem solchen Foto gehen unterschiedliche Signale aus«, kommentiert Sontag. »Es fordert: Schluss damit. Aber es ruft auch: Was für ein Anblick!« Anders als in *Über Fotografie* spricht sich Sontag in *Das Leiden anderer betrachten* dafür aus, beide Pole der Fotografie nicht als Gegenkräfte zu begreifen, sondern als »Doppelpotential«.

Abu Ghraib

2004 schrieb Sontag, bereits unheilbar an Krebs erkrankt, ihren letzten Essay »Das Foltern anderer betrachten«, der im Mai im *New York Times Magazine* erschien. Darin beschäftigt sie sich mit den Bildern, die die Folter von irakischen Gefangenen durch amerikanische Soldatinnen und Soldaten im Gefängnis Abu Ghraib dokumentieren. Sie kritisiert die Folterfotos zunächst als Ausdruck der imperialen Politik der USA: »So gesehen, stehen die Fotos für uns. Das heißt, sie sind repräsentativ für die prinzipielle Verwerflichkeit, die zu jeder Besetzung eines fremden Landes gehört, und außerdem auch für die spezifischen Merkmale der Politik der Regierung Bush.«

Die Folterfotos sind für Sontag Indizien eines neuen Umgangs mit Bildern. Wohingegen analoge Fotos ursprünglich Objekte des Sammelns und Aufbewahrens waren, geht es im Zeitalter der digitalen Fotografie um die möglichst schnelle Verbreitung von Bildern. Die Soldaten und Soldatinnen in Abu Ghraib hielten ihren alltäglichen Tagesablauf oft selbst mit der Digitalkamera fest, um die Bilder ihrer Aktivitäten dann untereinander auszutauschen und mit anderen per E-Mail zu teilen. Digitale Fotos sind Botschaften in Bewegung. Sie formieren sich zu neuen Bilderfluten: »Und auch wenn unsere Politiker sie nicht sehen wollen – es werden Tausende neuer Schnappschüsse und Videos auftauchen. Unaufhaltsam«, schreibt Sontag wiederum prophetisch.

Dass die Folterfotos »für uns« stehen, könnte auch bedeuten, dass sich darin Elemente verbinden, die für Sontag, die engagierte Amerikakritikerin, »leider immer mehr zum festen Bestandteil des ›wahren Wesens und des wahren Herzens Amerikas‹« zählen: Internetpornographie, Unterhaltung durch Gewalt, eine bestimmte Vorstellung von Spaß, die auch mit Brutalität einhergeht, das Fotografieren und Posieren vor der Kamera als Zeitvertreib.

Am Ende von *Das Leiden anderer betrachten* findet sich eine bemerkenswerte Kritik des Mitgefühls. Wer Bilder konsumiere, zum Beispiel wenn er durch seine Timeline scrollt, verhalte sich passiv. Diese Passivität stumpfe ab. Manchmal gehe die Passivität auch mit Mitgefühl oder Rührung einher, doch Sontag beurteilt beides kritisch, als eine möglicherweise »völlig unangebrachte« Reaktion auf Bilder von Kriegsopfern. Mitgefühl suggeriere eine trügerische Nähe zwischen den Leidenden und denjenigen, die Bilder betrachten: »Solange wir Mitgefühl empfinden, kommen wir uns nicht wie Komplizen dessen vor, wodurch das Leiden verursacht wurde. Unser Mitgefühl beteuert unsere Unschuld und unsere Ohnmacht.«

An die Stelle von Betroffenheit solle das Nachdenken treten. Ein Nachdenken, das die subjektive Position der Betrachterin oder des Betrachters und die wechselseitigen globalen Machtverhältnisse mitberücksichtigt. Sontag empfiehlt konkret, darüber nachzudenken, »wie unsere Privilegien und ihr Leiden [das Leiden der vom Krieg betroffenen Menschen] überhaupt auf der gleichen Landkarte Platz finden und wie diese Privilegien – auf eine Weise, die wir uns vielleicht gar nicht vorstellen mögen – mit ihren Leiden verbunden sind, insofern etwa, als der Wohlstand der einen die Armut der anderen zur Voraussetzung hat.«

Beim Betrachten des Leidens anderer geht es Sontag schließlich nicht mehr darum, »mehr zu fühlen«, wie sie es in »Gegen Interpretation« noch gefordert hat, sondern darum, mehr zu wissen, mehr zu verstehen und mehr Bedeutung an das Foto heranzutragen – also darum, das betäubende Gefühl der Passivität durch intellektuelle Aktivität, eine Art Ethik des Sehens, zu überwinden.

***

»Eine Erfahrung zu machen, wird schließlich identisch damit, ein Foto zu machen«, lautet einer von Sontags kritischen und zugleich prophetischen Sätzen über die Fotografie. Er hat in einer Gegenwart an Aktualität gewonnen, in der die Handykamera für viele, vor allem für jüngere Menschen das Fenster zur Welt geworden ist. Bei Sontag verkörpert der Tourist, eine bei ihr eher unbeliebte Figur, die Gleichsetzung von Erfahrung und Foto. In *Über Fotografie* findet sich folgende (lustige) Definition des Tourismus: »Zum erstenmal in der Geschichte verlassen große Menschenmengen regelmäßig für kurze Zeit ihr Zuhause.« Der Tourist reist begleitet von seiner Kamera in fremde Länder, um dort so viele Fotos wie möglich zu schießen.

Die Aktivistin – die heimliche Gegenfigur zum Touristen – verlässt ebenfalls regelmäßig ihr Zuhause und reist in ferne Länder, allerdings nicht um Fotos, sondern um Erfahrungen zu sammeln, um zum Wohle anderer zu handeln, ja sogar um dazu beizutragen, einen Krieg zu beenden. Die Rolle der Antikriegsaktivistin wurde im Lauf ihres Lebens immer wichtiger für Sontag.

In ihrer Dankesrede bei der Verleihung des Jerusalem-Preises im Jahr 2001 sagte sie: »Öffentliche Meinungen über Fragen zu äußern, in denen man nicht über unmittelbare Erfahrungen verfügt, hat etwas Vulgäres.« Unmittelbare Erfahrungen setzt Sontag mit »*Informiertsein*« gleich. Darunter versteht sie »konkretes, spezifisches, historisch verdichtetes Wissen aus erster Hand«. Dieses selbst erfahrene Wissen muss für Sontag notwendig gegeben sein, damit sie sich als Schriftstellerin öffentlich äußern kann. Eine radikale Haltung, die die Publizistin und Kriegsreporterin Carolin Emcke, eine Freundin Sontags, als deren »Verpflichtung zur Augenzeugenschaft« beschrieben hat.

Zur Augenzeugin des Kriegs wurde Sontag 1993 in Bosnien. Sie war ursprünglich ins belagerte Sarajevo gereist, um ihren Sohn zu besuchen, der dort als Kriegsreporter tätig war. Der Bürgerkrieg im Herzen Europas, bei dem jeden Tag Tausende von Menschen starben, während die westlichen Medien zusahen, erschütterte Sontag. Vor Ort wollte sie sich ein genaues Bild der Lage verschaffen und sich nützlich machen, nur wusste sie nicht genau wie. Sie arbeitete ja weder journalistisch noch bei einer humanitären Vereinigung. Während ihrer zwei Wochen in Sarajevo traf sie sich mit Theaterleuten und bot diesen an, zurückkommen und mit ihnen für eine Zeit lang als Regisseurin an einem Theaterstück zu arbeiten. Das Angebot wurde angenommen. Die Wahl des passenden Stücks erfolgte laut Sontag »ohne großes Überlegen«: Samuel Becketts *Warten auf Godot*. Im Bombenhagel und bei Kerzenlicht begann Sontag mit den Proben des Stücks, das im August 1993 Premiere feierte. Während die Menschen in Bosnien Sontag noch heute für ihren Einsatz dankbar sind und einen Platz nach ihr benannt haben, wurde ihre Theaterarbeit von der internationalen Presse als Selbstvermarktung und Geltungssucht scharf kritisiert.

Nicht am Schauplatz des Grauens war Sontag, als am 11. September 2001 das World Trade Center in New York angegriffen wurde. Die schrecklichen Ereignisse in ihrer Heimatstadt verfolgte sie in einem Berliner Hotelzimmer im Fernsehen. Noch in Berlin verfasste sie gegen die Reaktion der US-amerikanischen Öffentlichkeit auf die Terroranschläge eine scharfe Polemik, mit der sie selbst liberale Amerikanerinnen und Amerikaner verletzte. Sie kritisierte vor allem die Rede von der Feigheit der Attentäter: »Wo findet sich das Eingeständnis, dass dies kein ›feiger‹ Angriff auf ›die Zivilisation‹ oder ›die Freiheit‹ oder ›die Menschheit‹ oder ›die freie Welt‹ war, sondern ein Angriff auf die selbsternannte Supermacht dieser Erde, unternommen infolge ganz bestimmter Allianzen und Aktionen, auf die Amerika sich eingelassen hat?« Berühmt wurden

Leseprobe zu *Warten auf Godot* bei Kerzenschein in Sarajevo, 1993

ihre Worte: »Lasst uns nach Kräften gemeinsam trauern. Aber lasst uns nicht gemeinsam dumm sein.«

Diesmal hatte sie sich aus der Ferne, ohne Wissen aus erster Hand geäußert, ohne unmittelbare Erfahrung des Leidens, das New York heimgesucht hatte. Wahrscheinlich vergriff sie sich auch deswegen im Ton – und fiel für eine Zeit lang öffentlich in Ungnade. Nachdem Sontag wieder in New York war und sich vor Ort ein Bild der Zerstörung verschafft hatte, korrigierte sie ihre Aussagen zum 11. September teilweise.

P. S. Es kann nur eine geben

Sontag fasziniert bis heute. Sie hat Generationen von Studentinnen geprägt, von den Jahrgängen ab Ende der 1940er Jahre bis etwa in die Mitte der 1980er Jahre. Jede in diesem Zeitraum geborene weibliche oder queere Person, die den Wunsch verspürt hat, intellektuell oder künstlerisch tätig zu sein, wird mit großer Wahrscheinlichkeit früher oder später auf Susan Sontag gestoßen sein und in ihr ein ungewöhnliches weibliches Vorbild entdeckt haben: Eine Frau, die als Autorin und öffentliche Intellektuelle zu aus heutiger Sicht unvorstellbarem Ruhm gelangte.

Selbst wer keinen ihrer Texte gelesen hat, kennt vielleicht eine der unterhaltsamen Anekdoten, die über sie kursieren. Erinnert sich an ihre Looks (Cowboystiefel, Rollkragenpullover, Silbersträhne) oder an ihr Posieren vor der Kamera, das ins Bildgedächtnis des 20. Jahrhunderts eingegangen ist. Arme hinter dem Kopf verschränkt, auf dem Bett liegend, am Schreibtisch sitzend, vor einem Bücherregal stehend, den Kopf auf die Hand gestützt. Sontag-Porträts sind Studien zur weiblichen Aneignung männlicher Denkerposen. Auch das hat Sontag in die Welt gebracht: ein Vokabular der Gesten, mit de-

»Susan Sontag hat Intelligenz sexy gemacht. In Amerika ist ›so klug wie Susan Sontag‹ eine feststehende Redewendung. Sie hatte die nahezu unheimliche Fähigkeit, das Lebensgefühl ihrer Zeit zu treffen. Sie machte deutlich, wie Bilder uns manipulieren, wie Worte uns manipulieren, dennoch war jeder Text, den sie schrieb, eine erotische Liebeserklärung an dieselben.« (Mithu Sanyal, Autorin)

nen sich weibliche Intellektualität inszenieren lässt, vielfach nachgeahmt, von zeitloser Attraktivität.

Die Strahlkraft, die von Sontag ausgeht, zeigt sich auch daran, dass sie regelmäßig als Bezugsgröße in unterschiedlichen Textsorten auftaucht, vor allem in Literaturkritiken, Verlagstexten und sogenannten »Blurbs«, d. h. den lobenden Zitaten auf dem Buchumschlag. Einige Beispiele:

- Laurin Elkin (*1978) ist laut dem Blurb auf *Flâneuse: Frauen erobern die Stadt – in Paris, New York, Tokyo, Venedig und London* »die Susan Sontag ihrer Generation«;
- Leslie Jamieson (*1983) »wird als neue Susan Sontag gehandelt« in der *Süddeutschen Zeitung;*
- Jia Tolentino (*1988) schreibt, »wie eine internetgeschädigte Sontag geschrieben hätte«, laut dem Klappentext zu *Trick Mirror. Über das inszenierte Ich* und gilt als »die Susan Sontag der Millennials« in der *Washington Post;*
- Nathan Jurgenson (*1983) ist »die Susan Sontag der Selfie-Generation«, findet der Blurb auf *The Social Photo. On Photography and Social Media;*
- der Verlagstext zu *Unziemliches Verhalten: Wie ich Feminis-*

tin wurde von Rebecca Solnit (*1961) besagt: »Mit diesem Buch steigt Rebecca Solnit endgültig aufs Podest zu Joan Didion und Susan Sontag«;

- Maya Turovskaya (1924–2019) wird im Band *Russian Critics on the Cinema of Glasnost* als »die Susan Sontag des sowjetischen ästhetischen Denkens« bezeichnet;
- Sarra Copia Sulam (*1588/1592–1641) ist laut *The Forward* »die Susan Sontag des Venezianischen Ghettos«;
- Camilla Paglia (*1947) schließlich sagt »Ich bin die Susan Sontag der Neunziger!« in einem Interview aus dem Jahr 1993, das immer noch auf YouTube zu sehen ist.

Sontag ist zur Metapher geworden. Ihr Name beschwört eine scheinbar unwiderstehliche Kombination aus Hipness und Intelligenz, Glamour und Größe, die vage genug ist, um sich zur Charakterisierung von ganz unterschiedlichen Autorinnen (und im Fall der obigen Liste eines Autors) anzubieten. All die Sontag-Metaphern und -Vergleiche funktionieren als Verneigung gegenüber dem Vorbild, vor allem aber als Adelung einer neuen Autorin. »Susan Sontag« ist das schillernde Label auf einem Buch- und Pressemarkt, auf dem immer auch um Aufmerksamkeit konkurriert wird – keine andere international bekannte Intellektuelle kann mit ihrer Ausstrahlung mithalten. Doch die Sontag-Metapher stellt einen Widerspruch in sich selbst dar. Sontag ist zwar Vorbild jüngerer Autorinnen, inspiriert sie aber gerade deshalb, weil sie als intellektuelle Ikone und Ausnahmefigur unerreichbar scheint.

Es ist allerdings eine Kunst, individuell und präzise loben zu können. Ironischerweise lässt sich diese Kunst bei niemandem besser studieren als bei Sontag selbst, die, so ihr Biograph Benjamin Moser, aufgrund ihrer Begeisterungsfähigkeit zur

Verbringen Sie einen Samstag à la Sontag

7 Uhr	Sie wachen auf und empfinden Wut. Ziehen Sie einen Rollkragenpullover, Jeans und die Ho-Chi-Minh-Sandalen an, die Sie von Ihrer letzten Reise nach Vietnam mitgebracht haben. Schreiben Sie Tagebuch.
10 Uhr	Museum: Schauen Sie sich 2–3 Kunstausstellungen an.
14 Uhr	Kino: Sehen Sie sich einen französischen Film im Original an. Fahren Sie grundsätzlich nur mit dem Taxi. Kommen Sie grundsätzlich zu jeder Verabredung zu spät.
16 Uhr	Besuchen Sie Ihre Freundin: Haben Sie Sex.
18 Uhr	Treffen Sie einen Freund im Park, erzählen Sie ihm beim Spazierengehen von Ihrer Schreibblockade und Ihren Beziehungsproblemen, rauchen Sie dabei eine halbe Schachtel Marlboro.
19.30 Uhr	Gehen Sie gemeinsam mit Ihrem Freund und zwei weiteren Freundinnen in Ihr Lieblingsrestaurant. Themen des Gesprächs: Außenpolitik, Ihre anstehende Vortragsreise, die neue Freundin Ihres Sohnes.
22 Uhr	Besuchen Sie auf dem Nachhauseweg die neue bulgarische Bar, die Ihnen Ihr Assistent empfohlen hat. Befragen Sie den Barkeeper zur politischen Lage in Bulgarien und der Entwicklung der bulgarischen Literatur in den letzten 50 Jahren.
23.30 Uhr	Nehmen Sie 10–20 mg Speed, um noch 4 Stunden an Ihrem Essay schreiben zu können.
3.30 Uhr	Sie gehen ins Bett.

»weltweit gefragtesten Blurberin« wurde. Ihr Lob ziert Bücher von Autoren wie Jean Genet, Emil Cioran, Robert Walser und Edmund White.

Sontag war eine singuläre Erscheinung. Wie sie sich selbst durch das Lesen erfunden hat, durch ihre Essays berühmt wurde, in der Mitte ihres Lebens tödlich erkrankte, überlebte und über ihre Krankheit nachdachte; wie sie eine Kritik der Fotografie entwickelte, die auch heute noch dabei helfen kann, unsere ›bildersüchtige‹ Gegenwart zu begreifen; wie sie an Kriegsschauplätze reiste, um das Leiden anderer aus eigener Erfahrung zu betrachten: All das ist einzigartig – und untrennbar mit den spezifischen Kontexten des 20. Jahrhunderts verbunden, in denen sie sich bewegte.

Wer Sontag als Referenz verwendet, übersieht zudem etwas Entscheidendes: Es war kein leichtes Schicksal, Susan Sontag zu sein. Die Intensität ihres Lebens schlug in beide Richtungen aus: Lust und Schmerz, Begeisterung und Enttäuschung, Hingabe und Trauer empfand sie bis ins Extrem. Überdurchschnittliche Leidensfähigkeit gehört genauso zu der Figur Susan Sontag wie die glanzvollen Aspekte ihres Lebens und Schreibens. Um am Leben zu bleiben, zahlte sie einen hohen Preis.

Diese besondere Konstellation aus Themen und Erfahrungen macht Sontag zu einem außergewöhnlichen Phänomen des 20. Jahrhunderts. Welche ernsthafte Kulturkritikerin gab es noch, die zugleich eine Celebrity war und, so altmodisch es klingen mag, durch ihr Werk ebenso wie durch ihr sagenumwobenes Leben Unsterblichkeit erreicht hat? Dass sich Sontag selbst erfunden hat, heißt auch: Es gab keine vor ihr, die so war wie sie. Es gibt aber auch keine nach ihr, die so gewesen sein wird wie sie. Sontag ist *beyond comparison.*

Lektüretipps

Dieter, Anna-Lisa / Tiedtke, Silvia (Hrsg.): Radikales Denken. Zur Aktualität Susan Sontags. Berlin 2017.

Moser, Benjamin: Sontag. Her Life and Work. New York 2019. (Dt.: Sontag. Die Biografie. Aus dem amerikanischen Englisch übersetzt von Hainer Kober. München 2020.)

Nunez, Sigrid: Sempre Susan. A Memoir of Susan Sontag. New York 2011. (Dt.: Sempre Susan. Erinnerungen an Susan Sontag. Aus dem amerikanischen Englisch übersetzt von Anette Grube. Berlin 2020.)

Rieff, David: Swimming in a Sea of Death. A Son's Memoir. New York 2008. (Dt.: Tod einer Untröstlichen. Die letzten Tage von Susan Sontag. Aus dem amerikanischen Englisch übersetzt von Reinhard Kaiser. München 2009.)

Roiphe, Katie: The Violet Hour: Great Writers at the End. New York 2016.

Schreiber, Daniel: Susan Sontag. Geist und Glamour. Biographie. Berlin 2009.

Sontag, Susan: Against Interpretation. New York 1966. (Dt.: Kunst und Antikunst. 24 literarische Analysen. Aus dem amerikanischen Englisch übersetzt von Mark W. Rien. München 1980.)

– As Consciousness is Harnessed to Flesh. Diaries 1964–1980. Hrsg. v. David Rieff. New York 2012. (Dt.: Ich schreibe, um herauszufinden, was ich denke. Tagebücher 1964–1980. Aus dem amerikanischen Englisch übersetzt von Kathrin Razum. München 2013.)

– Reborn. Early Diaries 1947–1963. Hrsg. v. David Rieff. New York 2008. (Dt.: Wiedergeboren. Tagebücher 1947–1963. Aus dem amerikanischen Englisch übersetzt von Kathrin Razum. München 2010.)
– Regarding the Pain of Others. New York 2003. (Dt.: Das Leiden anderer betrachten. Aus dem amerikanischen Englisch übersetzt von Reinhard Kaiser. München 2003.)